Reffken/Thiele

Standardfälle
Staatsrecht II
- Grundrechte -

4. Auflage 2009

ISBN 978-3-86724-061-1

4. Auflage 2009

© 2009 niederle media

Bezug möglich direkt vom Verlag
niederle media
48341 Altenberge
Fax (02505) 93 98 99
E-Mail: info@niederle-media.de
www.niederle-media.de

Druck:

▶ Inhalt

▶ Vorwort

Dieses Skript ist gedacht als Einführung in Fälle aus dem Staatsrecht II (Grundrechte), die typischerweise Gegenstand der ersten
Staatsrechts-Klausuren sind. Diese Fälle sind so aufbereitet, dass
der Leser einen realistischen Eindruck von den Erwartungen bei
Übungs- und Prüfungsklausuren erhält.

Der Name **niederle media** steht für Skripten, die zu einem großen
Teil von Autoren mit mehrjähriger Lehr-Erfahrung als Hochschul-
lehrer oder AG-Leiter verfasst wurden und die

- klausurrelevante Themen *kompakt* darstellen,

- meist in 1-2 Tagen und demnach *zeitsparend*
  durchgearbeitet werden können,

- so *verständlich* sind, dass auch Anfänger damit
  regelmäßig auf Anhieb klarkommen,

- *Fallbeispiele, Übersichten* und *Schemata* enthalten,

- sehr *erschwinglich* sind (ab 7 Euro).

Aufgrund dieser Eigenschaften sind unsere Skripten hervorragend
geeignet für den ersten, unkomplizierten Einstieg in die Materie
oder für eine schnelle Wiederholung kurz vor der Prüfung. Dafür
drücke ich schon jetzt ganz fest die Daumen,

Jan Niederle

▶ Unsere 📖 Skripten 📄 Karteikarten 🎵 Hörbücher (Audio-CDs)

Zivilrecht

- 📖 Standardfälle für Anfänger 📖 Standardfälle Fortg. (7,9 €)
- 📖 Grundlagen und Fälle BGB für 1. und 2. Sem. (9,90 €)
- 📖 🎵 Standardfälle BGB AT (7,90 €)
- 📖 🎵 Standardfälle Schuldrecht (7,90 €)
- 📖 Standardfälle Ges. Schuldrecht, §§ 677, 812,823 (7,90 €)
- 📖 🎵 Standardfälle Sachenrecht (7,90 €)
- 📖 Standardfälle Familien- und Erbrecht (7,90 €)
- 📖 Originalklausuren Übung für Fortgeschrittene (7,90 €)
- 📖 🎵 Basiswissen BGB (AT) (Frage-Antwort) (7 €)
- 📖 🎵 Basiswissen SchuldR (AT) 📖 🎵 SchuldR (BT) (7 €)
- 📖 🎵 Basiswissen Sachenrecht, 📖 🎵 FamR, 📖 🎵 ErbR
- 📖 Einführung in das Bürgerliche Recht (7,90 €)
- 📖 Studienbuch BGB (AT) (9,90 €)
- 📖 Studienbuch Schuldrecht (AT) (9,90 €)
- 📖 Schuldrecht (BT) 1 - §§ 437, 536, 634, 670 ff. (7,90 €)
- 📖 Schuldrecht (BT) 2 - §§ 812, 823, 765 ff. (7,90 €)
- 📖 SachenR 1 – Bewegl. S., 📖 SachenR 2 – Unb. S. (7,9 €)
- 📖 Familienrecht und 📖 Erbrecht (Einführungen) (7,90 €)
- 📖 Streitfragen Schuldrecht (7 €)
- 📖 🎵 Definitionen für die Zivilrechtsklausur (9,90 €)

Strafrecht

- 📖 🎵 Standardfälle für Anfänger Band 1 (9,90 €)
- 📖 Standardfälle für Anfänger Band 2 (7,90 €)
- 📖 Standardfälle für Fortgeschrittene (9,90 €)
- 📖 🎵 Basiswissen Strafrecht (AT) (Frage-Antwort)
- 📖 🎵 Basiswissen Strafrecht BT 1 und 🎵 BT 2 (7 €)
- 📖 Strafrecht (AT) (7,90 €)
- 📖 Strafrecht (BT) 1 – Vermögensdelikte (7,90 €)
- 📖 Strafrecht (BT) 2 – Nichtvermögensdelikte (7,90 €)
- 📖 Jugendstrafrecht/Strafvollzug/Kriminologie (7,00 €)
- 📖 🎵 Definitionen für die Strafrechtsklausur (7,90 €)

Öffentliches Recht

- 📖 Standardfälle Staatsrecht I – StaatsorgaR (9,90 €)
- 📖 Standardfälle Staatsrecht II – Grundrechte (9,90 €)
- 📖 🎵 Standardfälle f. Anfänger (StaatsorgaR u. GRe) (7,9 €)
- 📖 Standardfälle Verwaltungsrecht (AT) (9,90 €)
- 📖 Standardfälle Verwaltungsrecht für Fortg. (7,90 €)
- 📖 Standardfälle Baurecht (9,90 €)
- 📖 Standardfälle Europarecht (9,90 €)
- 📖 Standardfälle Kommunalrecht (7,90 €)
- 📖 🎵 Basiswissen StaatsR I –StaatsorgaR (Fr-Antw.) (7 €)
- 📖 🎵 Basiswissen StaatsR II –GrundR (Frage-Antw.) (7 €)
- 📖 Basiswissen VerwaltungsR AT– (Frage-Antwort) (7 €)
- 📖 Studienbuch Staatsorganisationsrecht (9,90 €)
- 📖 Studienbuch Grundrechte (9,90 €)
- 📖 Studienbuch Verwaltungsrecht AT (9,90 €)
- 📖 Studienbuch Europarecht (12 €) u. 🎵 Basiswissen EuR
- 📖 Staatshaftungsrecht (7,90 €)
- 📖 VerwaltungsR AT 1 – VwVfG u. 📖 AT 2–VwGO (7,90 €)
- 📖 VerwaltungsR BT 1 – POR (7,90 €)
- 📖 VerwaltungsR BT 2 – BauR 📖 BT 3 – UmweltR (7,90 €)
- 📖 🎵 Definitionen Öffentliches Recht (9,90 €)

Steuerrecht

- 📖 Abgabenordnung (AO) (8,90 €)
- 📖 Einkommensteuerrecht (EStG) (9,90 €)
- 📖 Umsatzsteuerrecht (UStG) (7,90 €)
- 📖 Erbschaftsteuerrecht (9,90 €)
- 📖 Steuerstrafrecht/Verfahren/Steuerhaftung (7,90 €)

Sozialrecht

- 📖 Kinder- und Jugendhilferecht (ab Oktober 2009)
- 📖 Sozpäd. Diagn.: SPFH & ambul. Hilfen d. KJH
- 📖 Sozialrecht (7,90 €)

Nebengebiete

- 📖 Standardfälle Handels- & GesellschaftsR (7,90 €)
- 📖 Standardfälle Arbeitsrecht (7,90 €)
- 📖 Standardfälle ZPO (8,90 €)
- 📖 🎵 Basiswissen HandelsR (Frage-Antwort) (7 €)
- 📖 🎵 Basiswissen Gesellschaftsrecht (Fra.-Antwort)
- 📖 🎵 Basiswissen ZPO (Frage-Antwort) (7,90 €)
- 📖 🎵 Basiswissen StPO (Frage-Antwort) (7 €)
- 📖 Handelsrecht (7,90 €)
- 📖 Gesellschaftsrecht (7,90 €)
- 📖 Arbeitsrecht (7,90 €)
- 📖 Kollektives Arbeitsrecht (9,90 €)
- 📖 ZPO I – Erkenntnisverfahren (7,90 €)
- 📖 ZPO II – Zwangsvollstreckung (7,90 €)
- 📖 Strafprozessordnung – StPO (7,90 €)
- 📖 Internationales Privatrecht - IPR (9,90 €)
- 📖 Standardfälle mit Frage-Antw.-Teil IPR (7,90 €)
- 📖 Insolvenzrecht (8,90 €)
- 📖 Gewerbl. Rechtsschutz/Urheberrecht (7,90 €)
- 📖 Wettbewerbsrecht (7,90 €)
- 📖 Ratgeber 500 Spezial-Tipps für Juristen (12 €)
- 📖 Mediation (7,90 €)

Karteikarten (je 8,90 €)

- 📄 Zivilrecht: BGB AT/Grundlagen/ 🎵 Schemata
- 📄 Strafrecht: AT/BT-1/BT-2/Streitfragen
- 📄 Öffentliches Recht: StaatsorgaR/GrundR/VerwR

Assessorexamen

- 📖 Die Relationstechnik (7 €)
- 📖 Der Aktenvortrag im Strafrecht (7,90 €)
- 📖 Der Aktenvortrag im Wahlfach Strafrecht
- 📖 Der Aktenvortrag im Zivilrecht (7,90 €)
- 📖 Der Aktenvortrag im Öffentlichen Recht (7,90 €)
- 📖 Urteilsklausuren Zivilrecht (7,90 €)
- 📖 Anwaltsklausuren Zivilrecht (7,00 €)
- 📖 Staatsanwaltl. Sitzungsdienst & Plädoyer (7,90 €)
- 📖 Die strafrechtliche Assessorklausur (7,90 €)
- 📖 Die öff.-rechtl. Assessorklausur Bd.1 (7,90 €)
- 📖 Die öff.-rechtl. Assessorklausur Bd.2 (7,90 €)
- 📖 Zwangsvollstreckungsklausuren (7,90 €)
- 📖 Vertragsgestaltung in der Anwaltsstation (7 €)

BWL & VWL

- 📖 Einführung i. die Betriebswirtschaftslehre (7,90 €)
- 📖 Einführung in die Volkswirtschaftslehre (7,90 €)
- 📖 Ratg. „500 Spezial-Tipps für BWLer"
- 📖 Rechnungswesen (7,90 €)
- 📖 Marketing (7 €)
- 📖 Organisationsgestaltung & -entwickl. (7,90 €)
- 📖 Internationales Management (7 €)
- 📖 Wie gelingt meine wiss. Abschlussarbeit? (7 €)
- 📖 Ratgeber Assessment Center (7,90 €)

Schemata

- 📖 Die wichtigsten Schemata-ZivR,StrafR,ÖR (12 €)
- 📖 Die wichtigsten Schemata–Nebengebiete (9,90 €)

Irrtümer und Änderungen vorbehalten!

🎵 bedeutet: auch als **Hörbuch** (Audio-CD) lieferbar (7,90 €)

Im **niederle-shop.de** bestellte Artikel treffen idR *nach 1-2 Werktagen* ein!

1. TEIL: ÜBERSICHT ZUR VERFASSUNGSBESCHWERDE

Anders als im Straf- oder Zivilrecht, ist in den Anfänger-klausuren zum *Staatsrecht II* häufig auch auf **prozessuale Fragen** einzugehen. Daher müssen bereits Studienanfänger zumindest über Grundkenntnisse im Verfassungsprozess-recht verfügen.

Mit einer fehlerfreien Zulässigkeitsprüfung können zwar nur wenige Punkte gewonnen werden, so dass die Zulässig-keitsprüfung in der Regel zügig abgehandelt werden sollte. Fehler in der Zulässigkeitsprüfung, etwa die Entscheidung für ein falsches Verfahren, wirken sich jedoch andererseits überaus negativ für das Gesamtergebnis aus. Daher sind die Zulässigkeitskriterien der wichtigsten Verfahren vor dem BVerfG sicher zu beherrschen. In diesem Teil des Skripts soll daher das für das Staatsrecht II besonders bedeutende Verfahren der **Verfassungsbeschwerde** kurz dargestellt werden.

Auch die **abstrakte** und die **konkrete Normenkontrolle** eig-nen sich als Aufhänger einer Grundrechte-Klausur. Eine Darstellung dieser Verfahren findet sich jedoch bereits in der ebenfalls in dieser Reihe erschienenen Fallsammlung zum Staatsorganisationsrecht (*Reffken/Thiele*, Standardfälle Staatsrecht I), so dass an dieser Stelle auf die dortigen Aus-führungen verwiesen werden kann.

In den Fußnoten finden sich zudem Literaturhinweise, die eine Vertiefung der angesprochenen verfassungsprozessu-alen Probleme ermöglichen. Besonders hervorzuheben sind die Lehrbücher von *Schlaich/Korioth*, *Sachs*, *Hillgruber/Goos* und *Robbers*. Weitere Literaturhinweise finden sich auch im 4. Teil des Skripts.

DIE VERFASSUNGSBESCHWERDE, ART. 93 I NR. 4A, §§ 13 NR. 8A, 90 FF. BVERFGG

Die Verfassungsbeschwerde stellt einen außerordentlichen Rechtsbehelf dar, mit dem „**jedermann**" eine Verletzung seiner Grundrechte rügen kann.[1] Sie wurde in der Bundesrepublik erst im Jahre 1951 mit dem BVerfGG eingeführt und im Jahre 1969 dann auch in das GG aufgenommen.[2] Die Verfassungsbeschwerde (VB) spielt in der **Praxis eine sehr große Rolle**. Mehr als 96 % aller Eingänge beim BVerfG sind Verfassungsbeschwerden. Allerdings sind von den ca. 5000 jährlich eingelegten Beschwerden nur 1-2 % auch tatsächlich erfolgreich.[3] Angesichts dieser großen Zahl an Verfahren stellt sich mehr denn je die Frage, wie das BVerfG vor einer Überlastung geschützt werden kann.[4]

Die Verfassungsbeschwerde hat als letzter und subsidiärer Rechtsbehelf[5] des Einzelnen zunächst die Funktion, **individuellen Grundrechtsschutz** zu gewährleisten. Zu beachten ist, dass diese Aufgabe – schon um einer Überlastung des BVerfG vorzubeugen – vorrangig den jeweiligen Fachgerichten zukommt. Hinzu tritt indes auch eine **objektivrechtliche Funktion** zur Wahrung der Verfassung insgesamt. Deutlich wird dies an der Tatsache, dass das BVerfG die angegriffene Maßnahme unter jedem in Betracht kommenden verfassungsrechtlichen Gesichtspunkt überprüft.[6] Zudem hält sich das Gericht für befugt, über eine VB auch dann zu entscheiden, wenn sie vom Antragsteller zurückgenommen wurde.[7]

---

[1] Zur geschichtlichen Entwicklung der Verfassungsbeschwerde in der deutschen Verfassungsgeschichte siehe *Schlaich/Korioth*, Das Bundesverfassungsgericht Rn 197.

[2] Zu den Gründen siehe *Schlaich/Korioth*, Das Bundesverfassungsgericht Rn 196 ff.

[3] Aufgrund dieser geringen Erfolgsquote wird daher in der Literatur immer wieder die Abschaffung der Urteils-VB gefordert. Siehe nur *Roellecke*, JZ 2001, 118.

[4] Siehe hierzu *Wahl*, Verfassungsstaat, Europäisierung, Internationalisierung, S. 188 ff.; *Schlaich/Korioth*, Das Bundesverfassungsgericht Rn 259 ff.

[5] BVerfGE 18, 315 (325).

[6] *Schlaich/Korioth*, Das Bundesverfassungsgericht Rn 205.

[7] Siehe BVerfGE 98, 218 (242 f.). Inhaltlich ging es um die Rechtschreibreform. Ablehnend *Schlaich/Korioth*, Das Bundesverfassungsgericht Rn 58.

Unterscheiden lassen sich zwei Formen der VB, nämlich die **Urteils- und die Rechtssatzverfassungsbeschwerde**, die auch und gerade im Rahmen der Fallbearbeitung streng unterschieden werden müssen.

Die **Urteils-VB** gestattet es dem Einzelnen, nach Erschöpfung des Rechtsweges gegen ein Urteil vorzugehen, um eine Verletzung seiner Grundrechte zu rügen. Besonders problematisch bei dieser Form der VB ist die Frage des Prüfungsumfangs des BVerfG. Da das BVerfG **keine „Superrevisionsinstanz"** darstellt, ist (in den Worten des Gerichts) allein die Verletzung **„spezifischen Verfassungsrechts"** überprüfbar. Was hierunter zu verstehen ist, bereitet indes teilweise erhebliche Probleme.

Bei der **Rechtssatz-VB** kann der Einzelne unter bestimmten Umständen direkt gegen Gesetze vorgehen. Da in diesem Fall regelmäßig kein ordentlicher Rechtsweg besteht, stellt sich hier weit häufiger die Frage nach der **Subsidiarität der VB**, um so eine Überlastung des Gerichts zu vermeiden. Zur Vertiefung einige lesenswerte **Entscheidungen**:

BVerfGE 6, 32:	Elfes-Urteil
BVerfGE 7, 198:	Lüth-Entscheidung
BVerfGE 69, 122	Subsidiarität
BVerfGE 93, 1:	Kruzifix
BVerfGE 98, 218:	Rechtschreibreform
BVerfGE 115, 118	Luftsicherheitsgesetz

Klausurfälle

Seiler, Private Warnungen vor Elektrosmog, JuS 2002, 156; *Frotscher/Kramer*, Die Prinzessin als Objekt journalistisch-fotografischer Begierde, JuS 2002, 861; *Demel/Lochen*, Das religiöse Passbild, JA 2002, 878; *Jochum*, Die Verleihung des Status einer Körperschaft des öffentlichen Rechts an Religionsgemeinschaften, JuS 2003, 370; *Braun/Kettner*, „G ist Glück" als unzulässige Werbung an Taxen?, Jura 2003, 344.

10

A. Zulässigkeit der Verfassungsbeschwerde[8]

I. Beschwerdeberechtigung

> **Hinweis**: Teilweise wird auch von Antragsberechtigung gesproch-en.[9] Um den Unterschied zur abstrakten Normenkontrolle zu ver-deutlichen, wird hier der Begriff der Beschwerdeberechtigung ver-wandt.

Gemäß § 90 I BVerfGG ist grds. „**jedermann**" beschwer-deberechtigt. Voraussetzung ist allein die Fähigkeit, Träger von Grundrechten sein zu können. Zu unterscheiden ist an dieser Stelle zwischen **natürlichen** (1) und **juristischen Personen** (2).

1. Natürliche Personen

Umfasst von dem Begriff „jedermann" sind zunächst **alle natürlichen Personen**.[10] Nicht entscheidend ist an dieser Stelle, welche Staatsangehörigkeit die betreffende Person hat. Da Art. 2 I GG als Auffanggrundrecht jedem zusteht, sollte die Frage, auf welches konkrete Grundrecht sich der Beschwerdeführer letztendlich berufen kann, erst bei der Frage der Beschwerdebefugnis problematisiert werden.

2. Juristische Personen

Auch für juristische Personen gilt der Grundsatz, dass sie beschwerdeberechtigt sind, sofern sie grundrechtsfähig sind. Diese Grundrechtsfähigkeit richtet sich nach Art. 19 III GG. Danach können sich **inländische juristische Personen** auf diejenigen Grundrechte berufen, die ihrem Wesen nach auf sie anwendbar sind.[11] Da die Grundrechtsfähigkeit damit anders als bei den natürlichen Personen in jedem Einzelfall

---

[8] Lesenswert auch *Mayer/Scherzberg*, Jura 2004, 373 ff. und 513 ff.
[9] *Sodan/Ziekow*, Grundkurs Öffentliches Recht, § 51 Rn 7; *Schlaich/Korioth*, Das Bundesverfassungsgericht Rn 206.
[10] Nicht entscheidend ist das Alter der Person. Minderjährige müssen sich jedoch durch ihre Eltern vertreten lassen, solange sie vor dem Hintergrund der Rechtsordnung nicht als reif angesehen werden.
[11] Siehe hierzu das Prüfungsschema im zweiten Teil des Skripts.

ausdrücklich festgestellt werden muss, sollte bereits an dieser Stelle geklärt werden, ob eine solche für das Grundrecht, auf das sich die betreffende juristische Person berufen möchte, generell (also losgelöst vom konkreten Fall) besteht.[12] Dagegen ist die Frage einer möglichen Verletzung des Grundrechts erst im Rahmen der Beschwerdebefugnis zu klären. Wegen des Vorrangs des Europarechts ist zudem auch juristischen Personen aus dem EU-Ausland eine Grundrechtsfähigkeit zuzusprechen.

Problematisch ist hingegen die Beschwerdeberechtigung **juristischer Personen des öffentlichen Rechts**. Nach der Rechtsprechung des BVerfG sind diese grds. nicht grundrechtsfähig und damit auch nicht beschwerdeberechtigt.[13] Etwas anderes gilt allein dann, wenn die betreffende juristische Person ausnahmsweise einem durch die Grundrechte geschützten Lebensbereich zuzuordnen ist.[14]

Tipp: Bei den grundrechtsdienenden juristischen Personen des öffentlichen Rechts handelt es sich um einen „**Klassiker**", den Sie kennen müssen. Hierunter fallen insbesondere Fakultäten, Universitäten und öffentlich-rechtliche Rundfunkanstalten im Hinblick auf Art. 5 sowie öffentlich-rechtliche Religionsgemeinschaften.

Zudem können sich alle juristischen Personen (also auch öffentlich-rechtliche und ausländische) zur Wahrung der „Waffengleichheit" auf die **Prozessgrundrechte** berufen.[15]

Für **politische Parteien** ist die Rechtsprechung des BVerfG zu beachten, wonach diese zur Wahrung ihrer Rechte aus Art. 21 GG parteifähig im Rahmen eines Organstreitverfahrens sind. Erforderlich ist dann aber auch stets ein parteifähiger Antragsgegner. Fehlt es an einem solchen, steht den Parteien weiterhin die Verfassungsbeschwerde zu.[16]

---

[12] Siehe hierzu die Ausführungen zur Prüfung eines Freiheitsrechts im zweiten Teil des Skripts.

[13] BVerfGE 45, 63 (78 f.). Siehe auch *Robbers*, Verfassungsprozessuale Probleme, S. 12 ff.; Kritisch zu dieser Rechtsprechung *Schlaich/Korioth*, Das Bundesverfassungsgericht Rn 208.

[14] BVerfGE 31, 314 (322).

[15] *Hillgruber/Goos*, Verfassungsprozessrecht Rn 115 f.

[16] *Schlaich/Korioth*, Das Bundesverfassungsgericht Rn 210.

Beispiel: Eine Gemeinde weigert sich, einer Partei einen Saal für eine Wahlkampfveranstaltung zu vermieten. Hier muss die Partei den üblichen Verwaltungsrechtsweg beschreiten und kann dann gegen das letztinstanzliche Urteil im Rahmen der VB vorgehen.

II. Beschwerdegegenstand

Der Beschwerdeführer muss sich gemäß § 90 I BVerfGG gegen einen **Akt der öffentlichen Gewalt** wenden. Dieser Begriff umfasst dabei – insoweit anders als in Art. 19 IV GG – alle drei Gewalten, um so einen dem Art. 1 III GG entsprechenden umfassenden Grundrechtsschutz zu gewährleisten.[17] Tauglicher Beschwerdegegenstand sind mithin etwa Urteile[18], Gesetze oder auch Unterlassungen des Gesetzgebers sowie Verwaltungsakte. Dabei muss es sich im Grundsatz um **Akte der deutschen öffentlichen Gewalt** handeln.

Hiervon ist indes durch die Rechtsprechung des BVerfG jedenfalls im Bereich des unmittelbar wirkenden **sekundären Gemeinschaftsrechts** eine Ausnahme zu machen.[19] Auch Verordnungen und Richtlinien der EG sind damit als taugliche Beschwerdegegenstände anerkannt. Allerdings sind insoweit erhöhte Anforderungen an die Beschwerdeberechtigung zu stellen.[20]

Hinweis: Beim Beschwerdegegenstand sollte äußerst genau gearbeitet werden, da das BVerfG im Rahmen der Begründetheit allein den Beschwerdegegenstand untersucht. Bei einem letztinstanzlichen OVG-Urteil könnte daher etwa formuliert werden: „**Bei dem die Verfügung ... vom ... bestätigenden letztinstanzlichen Urteil des OVG** handelt es sich um einen Akt der Judikative. ...“

---

[17] *Hillgruber/Goos*, Verfassungsprozessrecht Rn 132; *Manssen*, Staatsrecht II Rn 899.

[18] Bei Urteilen überlässt es das BVerfG dem Beschwerdeführer, ob dieser sich gegen alle öffentlichen Akte oder nur gegen das letztinstanzliche Urteil wehren möchte. Es handelt sich stets nur um eine Verfassungsbeschwerde, siehe *Pieroth/Schlink*, Grundrechte Rn 1127.

[19] Dies ist allerdings nicht unumstritten. Siehe nur *Schlaich/Korioth*, Das Bundesverfassungsgericht Rn 214; keine eindeutige Trennung zwischen Gegenstand und Berechtigung bei *Epping*, Grundrechte Rn 166. Etwas knapp auch *Manssen*, Staatsrecht II Rn 899.

[20] Siehe auch *Thiele*, Grundriss Europarecht, § 12.

III. Beschwerdebefugnis

Der Beschwerdeführer muss geltend machen können, durch den Beschwerdegegenstand **möglicherweise selbst, gegenwärtig und unmittelbar in seinen Grundrechten** verletzt zu sein. Nicht ausreichend ist mithin die Geltendmachung einer Verletzung des einfachen Rechts.[21] Auch eine Verletzung der Europäischen Menschenrechtskonvention kann daher nicht gerügt werden, da auch diese den Rang eines einfachen Gesetzes hat (vgl. Art. 59 II GG).[22] Im Rahmen einer Klausur ist damit zweistufig vorzugehen. Zunächst ist die Möglichkeit der Verletzung eines Grundrechts zu untersuchen (1), anschließend die eigene, gegenwärtige und unmittelbare Betroffenheit (2).

1. Möglichkeit einer Grundrechtsverletzung

Nach dem Vortrag des Klägers muss eine Grundrechtsverletzung als zumindest möglich erscheinen. Dies ist der Fall, wenn sie nicht von vornherein ausgeschlossen werden kann.[23]

Hinweis: Im Rahmen einer Klausur genügt es in der Regel an dieser Stelle nicht, schlicht den Satz zu schreiben, dass eine Verletzung nicht ausgeschlossen werden kann und damit als möglich erscheint. Vielmehr muss die Möglichkeit einer Verletzung anhand der Angaben im Sachverhalt (kurz) überprüft werden. Das Verhalten des Beschwerdeführers muss sich also möglicherweise einem Schutzbereich zuordnen lassen und das konkrete staatliche

---

[21] *Epping*, Grundrechte Rn 167.

[22] *Schlaich/Korioth*, Das Bundesverfassungsgericht Rn 218. Hinzuweisen ist aber auf einen neuen Beschluss des BVerfG vom 14.10.2004 (EuGRZ 2004, 741). Hier hatte es entschieden, dass jedenfalls die Nichtberücksichtigung eines Straßburger Urteils durch ein nationales Gericht mit der Verfassungsbeschwerde unter Berufung auf das entsprechende nationale Grundrecht iVm dem Rechtsstaatsprinzip gerügt werden kann. Siehe auch *Cremer*, EuGRZ 2004, 683 ff.

[23] *Sodan/Ziekow*, Grundkurs Öffentliches Recht, § 51 Rn 23; *Sachs*, Verfassungsprozessrecht Rn 483.

> Handeln muss möglicherweise einen Eingriff in diesen darstellen, der nicht offensichtlich gerechtfertigt ist.[24] Geht es etwa um das Verbot der Eröffnung einer Arztpraxis, ließe sich formulieren: „Im Sachverhalt wird dem Beschwerdeführer das Eröffnen einer Arztpraxis untersagt. Es erscheint dabei nicht ausgeschlossen, dass die Tätigkeit als Arzt unter den Schutz der Berufsfreiheit fällt. Durch die Untersagungsverfügung wird damit eine Tätigkeit verboten, die möglicherweise vom Schutzgehalt des Art. 12 I GG erfasst wird. Durch dieses vollständige Verbot erscheint daher eine Verletzung des Art. 12 I GG als möglich."

Für EG-Ausländer stellt sich die Frage, ob diese sich auch auf die sogenannten Deutschen-Grundrechte berufen können. Denkbar erscheint dies wegen des in Art. 12 EG-Vertrag formulierten **allgemeinen Diskriminierungsverbots**, das eine Diskriminierung von EG-Bürgern aufgrund der Staatsangehörigkeit untersagt. Im Ergebnis ist man sich einig, dass diesen Personen daher das gleiche Schutzniveau wie Deutschen zukommen muss. Umstritten ist lediglich die dogmatische Konstruktion.[25] Da es an dieser Stelle jedoch allein auf die Möglichkeit einer Verletzung ankommt, sollte in einer Klausur nur auf das Problem hingewiesen werden; eine ausführliche Darstellung kann dann bei der Prüfung des jeweiligen Grundrechts (im Rahmen der Begründetheit) vorgenommen werden.

Einer ausführlicheren Prüfung bedarf es in den Fällen, in denen es sich um **eine Verfassungsbeschwerde gegen ein Zivilurteil** handelt. Es stellt sich dann die Frage, inwieweit eine Grundrechtsverletzung durch ein solches Urteil überhaupt denkbar erscheint, wie also die Grundrechte in diesen Privatrechtsverhältnissen gelten. Die überwiegende Ansicht geht von der sogenannten **mittelbaren Drittwirkung** aus. Danach muss das Gericht bei der Auslegung der zivilrechtlichen Generalklauseln die grundrechtlichen Wert-

---

[24]   *Schlaich/Korioth*, Das Bundesverfassungsgericht Rn 226; *Hillgruber/Goos*, Verfassungsprozessrecht Rn 147 f.

[25]   Fraglich ist, ob eine direkte Berufung auf die Deutschengrundrechte möglich ist oder ob im Rahmen des Art. 2 I GG eine Übertragung des Schutzbereiches und der Schranken vorzunehmen ist.

ungen berücksichtigen. Eine Grundrechtsverletzung erscheint damit dann als möglich, wenn es nicht ausgeschlossen ist, dass das Gericht diese Wertungen verkannt oder im Einzelfall nicht hinreichend berücksichtigt hat.

> **Tipp**: Für diesen „Klassiker" sollte man sich bereits vor der Klausur Formulierungen überlegen. Dabei sollte man zunächst eine unmittelbare Drittwirkung der Grundrechte zwischen Privaten wegen der zu starken Beschränkung der Privatautonomie ablehnen. Anschließend sollte man über die objektive Wertordnung, die die Grundrechte begründen, darstellen, dass sie als verfassungsrechtliche Grundentscheidung das gesamte Recht beeinflussen und sie daher wegen dieser Ausstrahlungswirkung vom Richter bei den „Einbruchstellen" (Generalklauseln) zu beachten sind. Siehe hierzu auch das Fallbeispiel bei *Kramer*, JuS 2002, 861.

2. Selbst, gegenwärtig und unmittelbar

Der Beschwerdeführer muss auch selbst, gegenwärtig und unmittelbar betroffen sein. Dieses Erfordernis hat das BVerfG ursprünglich allein für Rechtssatzverfassungsbeschwerden entwickelt.[26] Mittlerweile wird es aber auch auf Urteils-VB angewandt. Bei letzteren wird es aber in der Regel erfüllt sein, weshalb die Ausführungen im Rahmen einer Klausur kürzer ausfallen können.[27]

Der Beschwerdeführer ist **selbst** betroffen, wenn er eigene Rechte geltend macht. Eine Prozessstandschaft ist im Rahmen der VB damit grds. ausgeschlossen. Eine **gegenwärtige Betroffenheit** ist gegeben, wenn der Beschwerdeführer schon oder noch, also aktuell betroffen ist.[28] Es genügt also nicht, wenn die Betroffenheit irgendwann in der Zukunft (vielleicht) eintritt. Das BVerfG lässt jedoch unter dem Aspekt der Unzumutbarkeit eine **Ausnahme** für die Fälle zu, in denen ein Gesetz die Normadressaten bereits gegenwärtig zu später nicht mehr korrigierbaren Entscheidungen zwingt oder schon jetzt zu Dispositionen veranlasst, die nach dem

---

[26] *Hillgruber/Goos*, Verfassungsprozessrecht Rn 171.
[27] *Schlaich/Korioth*, Das Bundesverfassungsgericht Rn 231.
[28] *Sodan/Ziekow*, § 51 Rn 31.

16

späteren Gesetzesvollzug nicht mehr nachgeholt werden können.[29]

> **Beispiel**: Das gesetzliche Verbot, ab dem 65. Lebensjahr Kassen-patienten behandeln zu dürfen (also auf Privatpatienten beschränkt zu werden) berührt einen 60-jährigen Arzt, der sich auf die Behandlung von Kassenpatienten spezialisiert hat, bereits gegenwärtig, da er sich bereits jetzt zwingend Gedanken zu seiner Altersversicherung machen muss, die er später nicht einfach nachholen kann.

Eine **unmittelbare Betroffenheit** ist schließlich gegeben, wenn das Gesetz zu seiner Durchführung rechtsnotwendig oder auch nur nach der tatsächlichen Verwaltungspraxis keines besonderen, vom Willen der Behörde beeinflussten Vollziehungsaktes mehr bedarf.[30] Es muss sich also um ein „selbstvollziehendes Gesetz" handeln; Beispiel ist etwa das ausdrückliche Verbot einer bestimmten Tätigkeit. Auch in diesem Fall wird eine **Ausnahme** für diejenigen Fälle gemacht, in denen das Gesetz bereits vor der Vollziehung zu entscheidenden Dispositionen zwingt. Zudem wird es für unzumutbar gehalten, gegen Strafgesetze zunächst verstoßen zu müssen (also das Risiko einer Verurteilung einzugehen), um dann gegen die Vollzugsakte vorgehen zu können.[31]

IV. Rechtswegeerschöpfung und Subsidiarität

Gemäß § 90 II BVerfG ist zunächst der **Rechtsweg auszuschöpfen**. Der Grundrechtsschutz liegt mithin zunächst in der Hand der einfachen Gerichte. Eine Ausnahme gilt gemäß § 90 II 2 BVerfGG dann, wenn die VB von allgemeiner Bedeutung ist oder wenn dem Beschwerdeführer andernfalls ein schwerer und unabwendbarer Nachteil entstünde.[32]

---

[29] BVerfGE 60, 360 (372).
[30] BVerfGE 1, 97 (102); *Schlaich/Korioth*, Das Bundesverfassungsgericht Rn 238 ff.
[31] BVerfGE 77, 84 (100).
[32] Hier zu *Hillgruber/Goos*, Verfassungsprozessrecht Rn 222 ff.

Für Verfassungsbeschwerden, die sich unmittelbar gegen Gesetze richten, spielt die Voraussetzung der Rechtwege-erschöpfung keine Rolle, da es einen Rechtsweg gegen Gesetze nicht gibt.[33] Daneben verlangt das BVerfG aber vom Beschwerdeführer, dass dieser auch alle sonstigen zur Verfügung stehenden zumutbaren Möglichkeiten fachgerichtlichen Rechtsschutzes in Anspruch nimmt (**Subsidiarität**).[34] Ziel des BVerfG ist es, die Zahl der Verfassungsbeschwerden zu verringern und dadurch zu seiner Entlastung beizutragen.[35]

Hinweis: Die Prüfung der Subsidiarität setzt genaue Kenntnisse des Verwaltungsprozessrechts voraus (insbesondere § 47 VwGO). Im Rahmen einer Anfängerklausur wird sie daher in der Regel keine besondere Rolle spielen. Es genügt insoweit regelmäßig der Hinweis, dass solche fachgerichtlichen Möglichkeiten hier nicht ersichtlich sind.

V. Form und Frist

Für die Form der VB gilt **§ 23 BVerfGG**. Sie ist danach **schriftlich** einzureichen und zu **begründen**. Für die Urteils-VB gilt eine Frist von **einem Monat** (§ 93 I 1 BVerfGG), die Rechtssatz-VB ist innerhalb **eines Jahres** zu erheben (§ 93 III BVerfGG). Gemäß § 93 II BVerfGG ist unter bestimmten Voraussetzungen eine Wiedereinsetzung in den vorigen Stand möglich.[36]

VI. Rechtsschutzbedürfnis

In der Regel wird ein Rechtsschutzbedürfnis des Beschwerdeführers gegeben sein. Es fehlt nur dann, wenn es ausnahmsweise einen einfacheren und schnelleren Weg zur Beseitigung der möglichen Grundrechtsverletzung gibt.[37]

---

[33] *Schlaich/Korioth*, Das Bundesverfassungsgericht Rn 252.
[34] *Sachs*, Verfassungsprozessrecht Rn 497 ff.; *Schlaich/Korioth*, Das Bundesverfassungsgericht Rn 244 ff.
[35] *Schlaich/Korioth*, Das Bundesverfassungsgericht Rn 253.
[36] *Hillgruber/Goos*, Verfassungsprozessrecht Rn 244.
[37] *Jarass/Pieroth*, Art. 93 GG Rn 66; *Epping*, Grundrechte Rn 82; *Robbers*, Verfassungsprozessuale Probleme, S. 32 ff.

VII. Exkurs: Annahme zur Entscheidung

Gemäß § 93a I BVerfGG bedarf die VB der Annahme zur Entscheidung. Eine Ablehnung der Annahme ist unanfechtbar und bedarf keiner Begründung. Eine solche Annahme erfolgt nur dann, soweit der VB grundsätzliche verfassungsrechtliche Bedeutung zukommt oder wenn es zur Durchsetzung der in § 90 I BVerfGG genannten Rechte angezeigt ist. In der Praxis bildet das Annahmeverfahren den **wirksamsten Filter**, um eine Überlastung des BVerfG zu verhindern. Umstritten ist jedoch die Behandlung des Annahmeverfahrens im Rahmen einer Klausur, da es sich streng genommen weder um eine Zulässigkeits- noch um eine Begründetheitsfrage handelt.[38] Da sich regelmäßig aus dem Sachverhalt keine Angaben zur Bedeutung der VB finden, empfiehlt es sich, grds. beim Ergebnis der Zulässigkeit zu erwähnen, dass an dieser Stelle von einer Annahme gemäß § 93a BVerfGG auszugehen ist.

B. Begründetheit der Verfassungsbeschwerde[39]

Die Verfassungsbeschwerde ist begründet, soweit der Beschwerdeführer durch den Beschwerdegegenstand **tatsächlich** in seinen Grundrechten **verletzt** wurde.

I. Prüfungsumfang

Insbesondere in den Fällen der mittelbaren Drittwirkung, aber auch bei sonstigen Urteils-VB stellt sich die Frage nach dem Prüfungsumfang des BVerfG. Es gilt zu beachten, dass das BVerfG **keine Superrevisionsinstanz** darstellt. Die VB bildet vielmehr einen außerordentlichen Rechtsbehelf, der sich auf die Prüfung von Grundrechtsverletzungen beschränkt. Die Auslegung und Anwendung des einfachen Rechts ist demgegenüber die Aufgabe der ordentlichen

---

[38] Siehe hierzu *Pieroth/Schlink*, Staatsrecht II Rn 1120; *Sodan/Ziekow*, Grundkurs Öffentliches Recht, § 51 Rn 69; *Schwerdtfeger*, Öffentliches Recht in der Fallbearbeitung Rn 499.

[39] Lesenswert *Mayer/Scherzberg*, Jura 2004, 663 ff.

Instanzgerichte.[40] Daher ist das BVerfG bei der Überprüfung von Urteilen auf die Verletzung „**spezifischen Verfassungsrechts**" beschränkt (*Heck´sche* **Formel**).[41] Eine solche Verletzung liegt vor, wenn das Urteil auf einer verfassungswidrigen Rechtsgrundlage beruht, es objektiv unhaltbar und damit willkürlich erscheint, gegen Verfahrensgrundrechte verstoßen wurde oder wenn der Richter bei seiner Auslegung grundrechtliche Wertungen nicht beachtet oder falsch eingeschätzt hat, insbesondere fälschlicherweise den Schutzbereich eines Grundrechts abgelehnt hat.[42]

Hinweis: In Drittwirkungsfällen empfiehlt es sich, diese Ausführungen zum Prüfungsumfang des BVerfG an den Anfang der Begründetheitsprüfung zu stellen, um anschließend in die Prüfung des ersten Grundrechts überzugehen. Ein denkbarer Überleitungssatz wäre etwa der folgende: „Im vorliegenden Fall erscheint es denkbar, dass der Richter insoweit bei der Auslegung des § X die Bedeutung des Grundrechts Y grds. falsch eingeschätzt hat." Anschließend kann wie gewohnt das jeweilige Grundrecht geprüft werden.

II. Unterscheidung Rechtssatz- und Urteils-VB

Im Rahmen einer **Rechtssatz-VB** ist lediglich die entsprechende Rechtsnorm auf ihre Vereinbarkeit mit den Grundrechten des Beschwerdeführers zu untersuchen. Im Rahmen einer **Urteils-VB** ist hingegen zu beachten, dass eine „**Doppelprüfung**" vorzunehmen ist. Zunächst ist die Rechtsgrundlage zu untersuchen, auf der das Urteil selbst beruht. Ist diese bereits verfassungswidrig, erübrigen sich Ausführungen zum konkreten Fall. Sollte sich jedoch die Grundlage als verfassungsgemäß herausstellen, ist nunmehr zu untersuchen, ob das Gericht die Norm auch verfassungsgemäß auf den vorliegenden Einzelfall angewandt hat. Diese beiden Stufen dürfen auf keinen Fall verwechselt werden.

---

[40] *Schlaich/Korioth*, Das Bundesverfassungsgericht Rn 281.
[41] Siehe hierzu *Sodan/Ziekow*, Grundkurs Öffentliches Recht, § 51 Rn 60 f.; *Schlaich/Korioth*, Das Bundesverfassungsgericht Rn 280 ff.
[42] *Sodan/Ziekow*, Grundkurs Öffentliches Recht, § 51 Rn 61.

> **Hinweis**: In der Fallbearbeitung erfolgt diese Differenzierung bei der Frage der verfassungsrechtlichen Rechtfertigung des durch das Urteil bewirkten Eingriffs. Eine solche Rechtfertigung ist nur denkbar, wenn 1. die gesetzliche Grundlage verfassungsgemäß ist und das Gericht 2. von dieser auch verfassungsgemäß Gebrauch gemacht hat.

C. Entscheidung des Gerichts

Die Regelungen zum Entscheidungsinhalt des Gerichts finden sich in **§ 95 BVerfGG**. Danach hebt das Gericht im Fall einer begründeten Urteils-VB das entsprechende Urteil auf und verweist die Sache zur erneuten Entscheidung an ein zuständiges Gericht zurück. Sofern bei einer Verfassungsbeschwerde das Gesetz gegen das Grundgesetz verstößt, wird es für **nichtig erklärt** (§ 95 III 1 BVerfGG). In Ausnahmefällen erklärt das Gericht eine verfassungswidrige Norm jedoch nicht für nichtig, sondern lediglich für unvereinbar mit der Verfassung (**Unvereinbarkeitserklärung**). Diese Entscheidungsvariante wählt das BVerfG vor allem in den Fällen eines **gleichheitswidrigen Begünstigungsausschlusses**.[43] Da der Gesetzgeber in diesem Fall mehrere Möglichkeiten hat, den Verfassungsverstoß zu beseitigen, würde eine vollständige Nichtigerklärung die Kompetenz des BVerfG überschreiten.[44]

Auch im Falle einer Unvereinbarkeitserklärung ist das Gesetz jedoch im Regelfall für die Zukunft nicht mehr anwendbar. Bis zu einer Entscheidung des Gesetzgebers muss ein Gericht, das in einem Verfahren mit einem solchen Gesetz zu tun hat, daher das Verfahren aussetzen.

Hält das BVerfG ein Gesetz für „noch verfassungsgemäß" so ist es möglich, dass das Gericht gleichzeitig an den Gesetzgeber appelliert, tätig zu werden, um eine für die Zukunft drohende Verfassungswidrigkeit zu vermeiden (sog. **Appellentscheidung**).[45]

---

[43]   Siehe hierzu Fall 9.

[44]   Zu diesem komplizierten Problem siehe *Robbers*, Verfassungsprozessuale Probleme, S. 120 f.

[45]   Dazu *Yang*, Die Appellentscheidungen des BVerfG 2002.

A. **Zulässigkeit**

    I. **Beschwerdeberechtigung**

    „Jedermann" = jede natürliche Person.

    Juristische Personen gemäß Art 19 III GG.

    II. **Beschwerdegegenstand**

    Jeder Akt der öffentlichen Gewalt, § 90 I

    BVerfGG = alle drei Gewalten (Art. 1 III GG).

    III. **Beschwerdebefugnis**

    Der Beschwerdeführer muss gelterd machen können, möglicherweise selbst, gegenwärtig und unmittelbar in Grundrechten verletzt zu sein.

    IV. **Rechtswegeerschöpfung/Subsidiarität**

    Grds. ist der Rechtsweg auszuschöpfen, § 90 II BVerfGG. Auch sonst muss der Beschwerdeführer alle sonstigen Möglichkeiten nutzen, um fachgerichtlichen Rechtsschutz zu erlangen.

    V. **Form und Frist**

    Die Form richtet sich nach den §§ 23, 92 BVerfGG, die Frist (ein Monat oder ein Jahr) ergibt sich aus § 93 BVerfGG.

B. **Begründetheit**

Die VB ist begründet, wenn der Beschwerdegegenstand tatsächlich Grundrechte des Beschwerdeführers verletzt. Zu beachten ist vor allem im Bereich der Urteils-VB der Prüfungsmaßstab („spezifisches Verfassungsrecht").

2. TEIL: GRUNDRECHTSPRÜFUNG

Im folgenden Teil soll kurz dargestellt werden, wie im Rahmen einer Klausur **ein Freiheits- bzw. ein Gleichheitsrecht** zu prüfen ist. In der Literatur erfolgt diese Prüfung nicht immer einheitlich. Für die Falllösungen des dritten Teils werden ausschließlich die hier vorgestellten Schemata zugrundegelegt. Für die Prüfung der Begründetheit einer Urteils-VB, bei der es auch um einen Einzelakt geht, ist vor allem darauf zu achten, dass im Rahmen der Rechtfertigung sowohl die gesetzliche Grundlage als auch deren Anwendung durch das Gericht überprüft wird.

A. Die Prüfung eines Freiheitsrechts

Die Prüfung eines Freiheitsrechts ist grds. **dreistufig ausgestaltet.**[46] Zunächst muss der Schutzbereich eröffnet sein (I). In diesen muss ferner durch eine staatliche Maßnahme eingegriffen worden sein (II). Zuletzt stellt sich die Frage, ob dieser Eingriff verfassungsrechtlich gerechtfertigt werden kann (III).

I. Schutzbereich

Im Rahmen der Prüfung des Schutzbereiches ist weiter zwischen dem **persönlichen** (1) und dem **sachlichen** (2) Schutzbereich zu unterscheiden.

1. Persönlicher Schutzbereich

Im Rahmen der Prüfung des persönlichen Schutzbereichs ist zu klären, ob die betreffende Person **Träger des jeweiligen Grundrechts** ist. Dies ist dabei für jedes Grundrecht individuell zu bestimmen. Grundrechtsberechtigt sind grds. alle **natürlichen Personen**. Allerdings sind einzelne Grundrechte auf deutsche Staatsangehörige beschränkt. Ausländer können sich folglich auf diese „**Deutschengrundrechte**"

---

[46] *Sodan/Ziekow*, Grundkurs Öffentliches Recht, § 24 Rn 2; *Jarass/Pieroth*, Vorb. Art. 1 GG Rn 14; *Ipsen*, Staatsrecht II Rn 105; *Hufen*, Staatsrecht II, § 6 Rn 1.

nicht berufen.[47] Etwas anderes gilt indes wegen des in Art. 12 EG-Vertrag verankerten Diskriminierungsverbots für Bürger aus der Europäischen Gemeinschaft. Ihnen muss aufgrund des Vorrangs des Gemeinschaftsrechts[48] das gleiche Schutzniveau zugestanden werden wie den Deutschen. Dogmatisch lassen sich hier zwei Wege beschreiten: Entweder man gestattet diesen Personen, sich ebenfalls auf die entsprechenden Deutschengrundrechte zu berufen,[49] oder man legt das Auffanggrundrecht des Art. 2 I GG so aus, dass dieses im Ergebnis das gleiche Schutzniveau bietet.[50] In einer Klausur sind beide Ansichten vertretbar.

Tipp: Es erscheint angesichts des klaren Wortlauts tatsächlich etwas gewagt, auch EU-Ausländern zu gestatten, sich auf Deutschengrundrechte zu berufen. Insbesondere für die Klausurbearbeitung bietet dieser (zulässige) Weg jedoch Vorteile. So kann bei dieser Lösung die jeweilige spezielle Grundrechtsdogmatik (etwa Drei-Stufen-Theorie bei Art. 12 I GG) wie üblich geprüft werden und muss nicht erst über Umwege in eine Prüfung des Art. 2 I GG integriert werden.

Neben den natürlichen Personen können nach Maßgabe des Art. 19 III GG auch **inländische juristische Personen** Grundrechtsträger einzelner Grundrechte sein. Der Begriff der juristischen Person ist weit zu verstehen und umfasst nicht nur die juristischen Personen des Privatrechts im formalen Sinne, sondern alle Personenmehrheiten, sofern sie zumindest teilrechtsfähig sind.[51] **Inländisch** ist eine solche juristische Person, wenn sie ihren Sitz im Bundesgebiet hat.[52] Allerdings ist für juristische Personen aus dem EU-Ausland eine Ausnahme zu machen. Aufgrund des Vorrangs des Gemeinschaftsrechts können diese sich ebenfalls auf

---

[47] Für diese bleibt jedoch Art. 2 I GG als „Auffanggrundrecht".
[48] Zu diesem Grundsatz *Thiele*, Grundriss Europarecht, § 12 .
[49] So *Bleckmann*, Europarecht Rn 1651.
[50] So *Epping*, Grundrechte Rn 541 f.; *Manssen*, Staatsrecht II Rn 598.
[51] *Schmidt*, Grundrechte Rn 58; *Ipsen*, Staatsrecht II Rn 52.
[52] *Manssen*, Staatsrecht II Rn 72, auch zu der Frage, ob eine juristische Person von Deutschen „beherrscht" werden muss, um sich auf Deutschengrundrechte berufen zu können.

Grundrechte berufen. Voraussetzung dafür, dass sich juristische Personen auf Grundrechte berufen können ist jedoch gemäß Art. 19 III GG, dass die entsprechenden Grundrechte ihrem **Wesen nach auf juristische Personen anwendbar** sind. Dies ist dabei der Fall, wenn sie auch **kollektiv ausgeübt** werden können, also nicht an natürliche Eigenschaften des Menschen anknüpfen.[53]

> **Hinweis**: Eine solche wesensmäßige Anwendbarkeit besteht danach bei den folgenden Grundrechten: Art. 3, 5, 8, 9, 10, 12, 13, 14 GG. Demgegenüber können juristische Personen keine Träger des Art. 1 I oder des Art. 2 II GG sein.

Zu beachten ist, dass die soeben dargestellten Grundsätze allein für juristische Personen des Privatrechts gelten. **Juristische Personen des öffentlichen Rechts** sind demgegenüber (als Teil des Staates) grds. keine Grundrechtsträger.[54] Der Staat ist Grundrechtsadressat und nicht Grundrechtsberechtigter (**Konfusionsargument**).

Etwas anderes gilt nach der Rechtsprechung jedoch dann, wenn die betreffende juristische Person unmittelbar dem durch die Grundrechte geschützten Lebensbereich zugeordnet ist (**sog. grundrechtsdienende juristische Personen**).[55] Aufgrund ihrer Selbständigkeit befinden sich diese in einer **grundrechtstypischen Gefährdungslage**, die eine Grundrechtsträgerschaft bzgl. der entsprechenden Grundrechte ausnahmsweise rechtfertigt. Dies betrifft insbesondere folgende juristische Personen:[56]

- Sonstige öffentlich-rechtliche Rundfunkanstalten bzgl. Art. 5 I 2 GG, auch Landesmedienanstalten;
- Universitäten und Fakultäten bzgl. Art. 5 III GG sowie
- Kirchen und Religionsgemeinschaften. Diese sind überhaupt nicht in den Staat eingegliedert und daher umfassend grundrechtsfähig.

---

[53] *Epping*, Grundrechte Rn 161; *Manssen*, Staatsrecht II Rn 73; *Schmidt*, Grundrechte Rn 59.
[54] Kritisch *Hufen*, Staatsrecht II, § 6 Rn 40.
[55] BVerfGE 31, 314 (322); *Hufen*, Staatsrecht II, § 6 Rn 39.
[56] Siehe auch *Manssen*, Staatsrecht II Rn 81 ff.

> **Hinweis**: Die hier genannten Ausnahmen müssen Sie bereits für Anfängerklausuren kennen!

Die **Prozessgrundrechte** gelten zudem für alle juristischen Personen (also auch für ausländische oder öffentlich-rechtliche).[57] Dies ist Ausdruck der „Waffengleichheit" vor Gericht.

2. Sachlicher Schutzbereich

Die Grundrechte schützen jeweils **bestimmte Lebensbereiche und damit zusammenhängende Tätigkeiten**. So schützt Art. 4 I, II GG den Bereich „Religion", Art. 12 I GG den Bereich „Beruf" und Art. 14 GG das Eigentum und das Erbrecht. Im Rahmen einer Klausur ist also zu untersuchen, ob sich die zu untersuchende Tätigkeit einem der geschützten Lebensbereiche zuordnen lässt. Ob dies der Fall ist, ist durch **Auslegung** zu ermitteln.[58]

> **Hinweis**: Im Rahmen einer Klausur müssen Sie für diese Aufgabe die gängigen Definitionen der Tatbestandsmerkmale der einzelnen Grundrechte sicher beherrschen, um anschließend die jeweilige Tätigkeit hierunter subsumieren zu können. Dies betrifft solche Begriffe wie *Religion, Gewissen, Meinung, Beruf...* .

Sollte sich dabei ergeben, dass keines der speziellen Grundrechte einschlägig ist, gilt es zu beachten, dass nach der Rechtsprechung des BVerfG **Art. 2 I GG als Auffanggrundrecht** grds. alle Lebensbereiche und Betätigungen schützt, die keinem speziellen Freiheitsrecht unterfallen.[59]

---

[57] *Sachs*, Verfassungsprozessrecht II, A 6 Rn 72.
[58] *Sachs*, Verfassungsrecht II, A 7 Rn 23 ff.; *Hufen*, Staatsrecht II, § 6 Rn 2 ff.
[59] BVerfGE 6, 32 (37) – sog. *Elfes*-Urteil, siehe hierzu auch den Fall 1.

II. Eingriff

Nach der Eröffnung des Schutzbereiches muss untersucht werden, ob der Staat in diesen Schutzbereich eingegriffen hat.[60] Nach der **klassischen** Definition liegt ein solcher Eingriff unter **vier Voraussetzungen** vor:[61]

- das staatliche Handeln ist **final** auf die Beeinträchtigung eines Schutzbereiches gerichtet,
- die Beeinträchtigung des Schutzbereiches erfolgt **unmittelbar**, also ohne weitere Zwischenursachen,
- die Beeinträchtigung erfolgt durch einen **Rechtsakt** (etwa Verwaltungsakt) und
- das staatliche Handeln kann nötigenfalls mit Befehl und Zwang durchgesetzt werden (**Imperativität**).

Sind diese Voraussetzungen erfüllt, ist stets von einem Eingriff auszugehen. Man spricht von einem *klassischen Eingriff*. Allerdings hat sich im Laufe der Zeit gezeigt, dass dieser klassische Eingriffsbegriff zu eng ist.[62] Deutlich wird dies vor allem am Beispiel **staatlicher Warnungen** vor bestimmten Produkten oder umstrittenen Sekten.[63] Diese erfolgen nicht in Rechtsaktform, sind nicht final auf die Beeinträchtigung des Grundrechts gerichtet,[64] wirken sich nur mittelbar auf die Betroffenen aus, indem Mitglieder selbständig austreten oder bestimmte Produkte nicht mehr gekauft werden und können letztlich auch nicht mit Befehl und Zwang durchgesetzt werden. Dennoch können solche Warnungen erhebliche negative Auswirkungen für die Betroffenen haben. Nach dem **modernen Eingriffsverständnis** kommt es daher entscheidend darauf an, mit welcher **Intensität** der Einzelne durch ein **dem Staat zurechenbares**

---

[60] *Schmidt*, Grundrechte Rn 147.
[61] *Epping*, Grundrechte Rn 347; *Hufen*, Staatsrecht II, § 6 Rn 5.
[62] *Epping*, Grundrechte Rn 348; *Sachs*, Verfassungsrecht II, A 7 Rn 15 ff.; *Schmidt*, Grundrechte Rn 155.
[63] Siehe hierzu *Schlecht*, Behördliche Warnungen vor gesundheitsgefährdenden Produkten, Göttingen 2001.
[64] Ziel ist in diesen Fällen ja der Schutz der Bevölkerung und nicht die Beschränkung der Religions- oder Berufsfreiheit.

Handeln beeinträchtigt wird.[65] Nicht jede Form der Beeinträchtigung ist jedoch ausreichend, um einen Grundrechtseingriff bejahen zu können. Erforderlich ist eine besonders schwere und unzumutbare Betroffenheit, die daher einem klassischen Eingriff vergleichbar ist.[66]

> **Hinweis**: Die Frage, inwieweit die Intensität der Beeinträchtigung diese Schwelle erreicht, muss im Rahmen einer Klausur durch Wertungen ermittelt werden. Im Zweifel sollte man sich dabei für einen Eingriff entscheiden, um so anschließend eine mögliche Rechtfertigung (und Verhältnismäßigkeit) prüfen zu können.

Ein Eingriff ist jedoch ausgeschlossen, wenn der Betreffende wirksam in die Beeinträchtigung des Grundrechts eingewilligt hat, er also diesbezüglich auf den **Schutz der Grundrechte verzichtet**.[67] Sofern im Rahmen einer Klausur ein Verzicht in Betracht kommt, muss an dieser Stelle untersucht werden, inwieweit ein solcher grundrechtsdogmatisch überhaupt möglich ist.[68]

III. Verfassungsrechtliche Rechtfertigung

Sofern ein Eingriff in ein Grundrecht vorliegt, muss auf der dritten Stufe untersucht werden, ob dieser **verfassungsrechtlich gerechtfertigt** werden kann.

> **Hinweis**: An dieser Stelle ist im Aufbau zu differenzieren: Wird nur ein Gesetz untersucht (etwa Rechtssatz-VB), ist allein zu klären, ob das Gesetz formell und materiell verfassungsgemäß ist. Ist demgegenüber ein Einzelakt zu prüfen (etwa Urteils-VB), muss nach Prüfung des zugrundeliegenden Gesetzes anschließend auch noch die Anwendung dieser gesetzlichen Grundlage auf seine Verfassungsmäßigkeit untersucht werden. In diesem Fall ist die Rechtfertigungsebene mithin **zweistufig ausgestaltet**. Diese Zweistufigkeit sollte im Rahmen einer Klausurbearbeitung dem Korrektor möglichst deutlich gemacht werden.

---

[65] *Sodan/Ziekow*, Grundkurs Öffentliches Recht, § 24 Rn 7 ff.; *Manssen*, Staatsrecht II Rn 138 ff.

[66] *Epping*, Grundrechte Rn 353.

[67] *Manssen*, Staatsrecht II Rn 135; *Hufen*, Staatsrecht II, § 6 Rn 42 f.

[68] Siehe hierzu ausführlich *Sachs*, Verfassungsrecht II, A 8 Rn 34 ff.

1. Generelle Einschränkbarkeit des Grundrechts

In einer Gemeinschaft sind gewisse Grenzen der persönlichen Betätigungsfreiheit zwingend notwendig.[69] Viele Grundrechte sehen daher ausdrücklich die Möglichkeit vor, dass sie durch ein formelles Gesetz eingeschränkt werden können (**sog. einfacher Gesetzesvorbehalt**).[70] So kann etwa die Versammlungsfreiheit für Versammlungen unter freiem Himmel gemäß Art. 8 II GG „durch Gesetz oder auf Grund eines Gesetzes beschränkt werden". Weitere besondere Anforderungen an das Gesetz werden nicht aufgestellt.

Andere Grundrechte hingegen erlauben eine Beschränkung nur zu bestimmten Zwecken oder mit bestimmten Mitteln (**qualifizierter Gesetzesvorbehalt**). Die Meinungsfreiheit kann gemäß Art. 5 II GG nur durch ein „allgemeines Gesetz" eingeschränkt werden. Im Rahmen einer Klausur muss bei diesen Grundrechten daher untersucht werden, ob das einschränkende Gesetz diesen Anforderungen generell gerecht wird. Bei Art. 5 II GG wäre mithin zu untersuchen, ob es sich im konkreten Fall tatsächlich um ein solches „allgemeines Gesetz" handelt.

Bei einigen Grundrechten hingegen findet man keine entsprechende ausdrückliche Beschränkungsregelung (**sog. vorbehaltlos gewährleistete Grundrechte**).[71] Ein Beispiel ist die Kunst- und Wissenschaftsfreiheit in Art. 5 III 1 GG. Doch folgt aus der obigen Überlegung, dass auch diese Grundrechte in einer Gemeinschaft einschränkbar sein müssen. So könnte es offensichtlich nicht hingenommen werden, dass ein Künstler unter Berufung auf Art. 5 III 1 GG fremde Häuserfassaden mit seinen Werken „verschönern" kann, ohne dass der Eigentümer dies untersagen könnte.

Eine Lösung dieses Konflikts ergibt sich hier aus dem Grundsatz der **Einheit der Verfassung**:[72]

---

[69] *Sodan/Ziekow*, Grundkurs Öffentliches Recht, § 24 Rn 14.
[70] *Manssen*, Staatsrecht II Rn 149.
[71] *Manssen*, Staatsrecht II Rn 150;
[72] Kritisch zu dieser Begründung *Hufen*, Staatsrecht II, § 9 Rn 30.

Diese vorbehaltlos gewährten Freiheiten können zum Schutz anderer Verfassungsgüter eingeschränkt werden.[73] Dies betrifft dabei insbesondere die **Grundrechte Dritter**, aber auch sonstige Staatszielbestimmungen (etwa Umwelt- und Tierschutz, Art. 20a GG). In einem solchen Fall müssen die kollidierenden Rechte im Wege der **praktischen Konkordanz** zu einem verfassungsmäßigen Ausgleich gebracht werden.[74] Dieses Prinzip verlangt, dass der Konflikt der kollidierenden Verfassungsgüter in einer Weise aufgelöst wird, die nach Möglichkeit beide Rechtsgüter optimal zur Geltung bringt.[75]

Hinweis: Auch in den Fällen, in denen ein Gesetz den qualifizierten Schrankenbestimmungen eines Grundrechtes nicht genügt (wenn es sich also etwa bei Art. 5 II GG nicht um ein „allgemeines Gesetz" handelt), muss anschließend untersucht werden, ob eine Rechtfertigung nicht jedenfalls durch kollidierende Verfassungsgüter möglich ist. Dies folgt aus der Überlegung, dass ansonsten vorbehaltlos gewährte Grundrechte eventuell stärker einschränkbar wären, als solche, die von vornherein unter einem qualifizierten Gesetzesvorbehalt stehen.

Für alle Fälle gilt, dass die Beschränkung auf einem **formellen Gesetz** beruhen muss (Gesetzesvorbehalt).[76]

2. Verfassungsmäßigkeit des Gesetzes

a) Formelle Verfassungsmäßigkeit

Das einschränkende Gesetz muss zunächst formell verfassungsgemäß sein. Es müssen also Zuständigkeit, Verfahren und Form gewahrt sein. Darüber hinaus verlangt Art. 19 I 2 GG, dass das beschränkende Gesetz die betroffenen

---

[73] BVerfGE 28, 243 (261). Etwas anderes gilt allein für die Menschenwürde. Diese ist unantastbar.
[74] *Hesse,* Grundzüge des Verfassungsrechts Rn 317; *Sodan/Ziekow*, Grundkurs Öffentliches Recht, § 24 Rn 19 ff.; Hufen, Staatsrecht II, § 9 Rn 31.
[75] *Hesse*, Grundzüge des Verfassungsrechts Rn 318; *Schwerdtfeger*, Öffentliches Recht in der Fallbearbeitung Rn 479.
[76] *Manssen*, Staatsrecht II Rn 157 ff.

Grundrechte unter Angabe der jeweiligen Artikel nennt (**Zitiergebot**).[77]

b) Materielle Verfassungsmäßigkeit

Zudem muss das Gesetz auch materiell verfassungsgemäß sein. Dies setzt voraus, dass es dem Verhältnismäßigkeitsprinzip genügt (aa) und auch keine sonstigen materiellen Verstöße vorliegen (bb).

aa) Verhältnismäßigkeit (Schranken-Schranken)[78]

Die Einschränkung des betroffenen Grundrechts muss verhältnismäßig sein. Dieser Grundsatz spielt im Rahmen einer Grundrechtsprüfung eine überragende Rolle. Die Prüfung der Verhältnismäßigkeit erfolgt dabei in **fünf Schritten:**

1.	Der Staat muss ein **legitimes Ziel** verfolgen.
2.	Er muss sich hierzu eines **legitimen Mittels** bedienen.
3.	Das Mittel muss zur Erreichung des Ziels **geeignet** sein.
4.	Das Mittel muss zur Erreichung des Ziels **erforderlich** sein.
5.	Das Mittel muss zur Erreichung des Ziels **angemessen** sein.

Der Staat muss zunächst ein **legitimes Ziel** verfolgen. Legitim ist das Ziel grds. dann, wenn es dem Allgemeinwohl dient. Bei der Prüfung vorbehaltlos gewährter Grundrechte ist zu beachten, dass eine Beeinträchtigung nur zum Schutz kollidierender Verfassungsgüter in Betracht kommt. In einer Klausur müssten also an dieser Stelle die betreffenden Verfassungsgüter herausgearbeitet werden. Auch das zur Erreichung des Ziels verwandte **Mittel** muss zulässig sein. So wäre wegen Art. 5 I 3 GG etwa das Mittel der Zensur unzulässig.

Regelmäßig ist das vom Gesetzgeber gewählte Mittel als zulässig anzusehen. Etwas anderes gilt nur dann, wenn dieses eindeutig verfassungsrechtlichen Wertungen widerspricht.

---

[77] Allerdings bestehen nach der Rechtsprechung des BVerfG zahlreiche Ausnahmen vom Zitiergebot. Siehe *Jarass/Pieroth*, Art. 19 GG Rn 3 ff.

[78] Dazu auch *Hufen*, Staatsrecht II, § 9 Rn 14 ff.

Sind weder Ziel noch Mittel zu beanstanden, sind diese anschließend an der „**Gebotstrias**" (Geeignetheit, Erforderlichkeit, Angemessenheit) zu überprüfen.[79] **Geeignet** ist das Mittel dann, wenn es den angestrebten Zweck zumindest fördert. Das handelnde Organ ist also nicht gezwungen, das effektivste Mittel zu wählen. Insbesondere bei der Überprüfung von Gesetzen ist an dieser Stelle zudem der Beurteilungsspielraum des Gesetzgebers zu beachten. An einer Eignung mangelt es in diesen Fällen allein dann, wenn sich das Mittel als *evident untauglich* darstellt, der Gesetzgeber also schlechthin ungeeignete Prognosen über die Geeignetheit aufgestellt hat.

Erforderlich ist das Mittel dann, wenn zur Erreichung des Ziels nicht ein anderes, gleich wirksames, dabei aber die Rechte des Einzelnen (insbesondere die Grundrechte) nicht oder doch weniger fühlbar einschränkendes, beeinträchtigendes Mittel hätte gewählt werden können.[80] Es soll also stets der geringstmögliche Eingriff gewählt werden (sog. **Interventionsminimum**). Auch diese Bewertung hängt oftmals von Wertungen ab, die beim Erlass eines Gesetzes dem Gesetzgeber obliegen. Im Rahmen der Prüfung ist dieser Prognosespielraum zu beachten, so dass die Erforderlichkeit nur dann abzulehnen ist, wenn das gewählte Mittel „eindeutig" nicht erforderlich ist.[81]

Schließlich muss das gewählte Mittel zur Erreichung des Zwecks auch **angemessen** sein.[82] Zweck und Mittel dürfen also nicht in einer unangemessenen Relation, nicht außer Verhältnis stehen. Dieser Prüfungspunkt bildet insbesondere im Rahmen einer Klausur regelmäßig den Schwerpunkt. Dennoch bereitet er den meisten Klausurbearbeitern erhebliche Probleme. Letztlich geht es um eine **Gesamtabwägung** aller konkret betroffenen Rechtsgüter. Zu beachten ist jedoch, dass im Falle der Überprüfung eines Gesetzes diese

---

[79] *Katz*, Staatsrecht, 15. Auflage Rn 205.
[80] BVerfGE 30, 292 (316).
[81] *Schwerdtfeger*, Öffentliches Recht in der Fallbearbeitung Rn 463.
[82] Die Bezeichnung dieses letzten Prüfungspunktes ist nicht einheitlich. Teilweise wird auch von Verhältnismäßigkeit im engeren Sinne gesprochen.

Abwägung grds. in die Zuständigkeit des Gesetzgebers fällt und von diesem ja bereits vorgenommen wurde. Der Bearbeiter kann nicht einfach seine Wertungen an die Stelle derjenigen des Gesetzgebers setzen, sondern muss allein überprüfen, ob die Wertungen des Gesetzgebers mit der Verfassung vereinbar sind. Es besteht demnach auch hier ein Beurteilungsspielraum, der jedoch abhängig von der jeweiligen Verfassungsnorm unterschiedliche Ausmaße annehmen kann. **Die Kontrolldichte des BVerfG** bestimmt sich dabei nach dem jeweiligen materiellen Recht, weshalb eine „saubere" VHM-Prüfung detaillierte Kenntnisse des materiellen Gehalts der relevanten Verfassungsnorm voraussetzt.[83] **Als Orientierungsmaßstab mag folgende Überlegung dienen**: Je mehr der Eingriff elementare Äußerungsformen der menschlichen Handlungsfreiheit berührt, umso sorgfältiger müssen die zu seiner Rechtfertigung vorgebrachten Gründe gegen den grds. Freiheitsanspruch des Bürgers abgewogen werden.[84]

bb) Sonstige Schranken-Schranken

Neben der Verhältnismäßigkeit muss das Gesetz auch allen anderen materiellen Anforderungen gerecht werden. In einer Klausur sind dabei besonders häufig folgende Punkte anzusprechen:[85]

- Bestimmtheitsgebot (siehe auch Art. 103 II GG);
- Verbot des Einzelfallgesetzes (Art. 19 I 1 GG);
- Wesensgehaltsgarantie;
- Vertrauensschutz des Einzelnen.

---

[83] *Schlaich/Korioth*, Das Bundesverfassungsgericht Rn 530 ff. (538). Siehe auch *Heun*, Funktionell-rechtliche Schranken der Verfassungsgerichtsbarkeit, S. 35 ff. (37).

[84] Siehe hierzu auch *Bleckmann*, JuS 1994, 177 ff.; *Ossenbühl*, Jura 1997, 617 ff.; *Michael*, JuS 2001, 654 ff. & 764 ff.

[85] Siehe hierzu auch *Sodan/Ziekow*, Grundkurs Öffentliches Recht, § 24 Rn 31 ff.

3. Verfassungsmäßigkeit des Einzelaktes

Ist die gesetzliche Grundlage formell und materiell verfassungsgemäß, so muss anschließend – soweit ein solcher vorliegt (etwa bei der Urteils-VB) – auch der Einzelakt verfassungsgemäß sein. Dies setzt insbesondere voraus, dass dieser die kollidierenden Interessen **im konkreten Fall** in einen verhältnismäßigen Ausgleich bringt.[86]

---

[86] *Epping*, Grundrechte Rn 58. Noch genauer zwischen Auslegung und Anwendung des Gesetzes differenzierend *Schlaich/Korioth*, Das Bundesverfassungsgericht Rn 288.

PRÜFUNGSSCHEMA: DIE VERHÄLTNISMÄßIGKEIT

Das Gesetz/d. Einzelakt müsste **verhältnismäßig** sein.

a) Zweck des Gesetzes/Einzelakts ist...

b) Als **Mittel** dient....

c) Geeignet ist das Mittel, wenn mit seiner Hilfe das Ziel erreicht werden kann.

d) Erforderlich ist das Mittel, wenn es kein gleich geeignetes, milderes Mittel gibt.

> **aa)** Gibt es ein *anderes Mittel*?
> **bb)** Ist dieses *in gleicher Weise geeignet*, den Zweck zu erreichen?
> **cc)** Ist es auch ein *milderes* = weniger belastenderes Mittel?

e) Die **Angemessenheit (Verhältnismäßigkeit i.e.S.)** ist zu verneinen, wenn der vom Gesetzgeber/der Verwaltung bezweckte Vorteil außer Verhältnis zu dem beim Grundrechtsträger eintretenden Nachteil steht.

> **aa)** Welcher **Nachteil** entsteht dem Grundrechtsträger?
> * Welche Rechtsgüter sind betroffen? Handelt es sich um ein besonders bedeutsames oder eher um ein weniger bedeutsames Rechtsgut (= **Rang** des beeinträchtigten Rechtsguts)?
> * Handelt es sich um einen schweren oder um einen weniger schwerwiegenden Eingriff in sein Rechtsgut (= **Intensität**)?
>
> **bb)** Welchen **Vorteil** will der Gesetzgeber bzw. die Verwaltung erreichen?
> * Welche Rechtsgüter sollen geschützt bzw. gefördert werden? Handelt es sich um ein für die Allgemeinheit besonders bedeutsames oder eher um ein weniger bedeutsames Rechtsgut (**Rang** des geschützten bzw. geförderten Rechtsguts)?
> * Kann der Schutz des Rechtsguts aufgrund gebotener Eile oder drohender Gefahr nur mit einer besonders einschneidenden Maßnahme erreicht werden?

PRÜFUNGSSCHEMA FREIHEITSRECHT

I. Schutzbereich

    1. Persönlicher Schutzbereich

- Natürliche Personen
- Juristische Personen nach Art. 19 III GG

    2. Sachlicher Schutzbereich

Lässt sich die Tätigkeit einem geschützten Lebensbereich zuordnen (beachte auch Art. 2 I GG als Auffanggrundrecht)?

II. Eingriff

- Liegt ein klassischer Eingriff vor (Finalität, Unmittelbarkeit, Rechtsakt und Imperativität)?
- Liegt ein faktischer Eingriff vor (Intensität)?

III. Verfassungsrechtliche Rechtfertigung

    1. Einschränkbarkeit des Grundrechts

- Einfacher Gesetzesvorbehalt?
- Qualifizierter Gesetzesvorbehalt?
- Vorbehaltloses Grundrecht?

    2. Verfassungsmäßigkeit des Gesetzes

    a) formelle Verfassungsmäßigkeit

    b) materielle Verfassungsmäßigkeit

- Verhältnismäßigkeit
- Sonstige materielle Anforderungen (Bestimmtheit, Wesensgehalt, Einzelfallgesetz)

    3. Verfassungsmäßigkeit des Einzelakts

(etwa bei einer Urteils-VB)

insbesondere Verhältnismäßigkeit

B. Die Prüfung von Gleichheitsrechten

I. Allgemeines

Neben den Freiheitsgrundrechten finden sich im Grundgesetz auch noch Gleichheitsgrundrechte. Im Mittelpunkt der Gleichheitsgrundrechte steht **Art. 3 I GG**. Dieser enthält den **allgemeinen Gleichheitssatz**. Daneben gibt es eine Reihe spezieller Gleichheitsrechte. Dies sind:

- **Art. 3 II GG** (Gleichbehandlung von Mann und Frau),
- **Art. 3 III GG** (Verbot der Bevorzugung oder Benachteiligung wegen des Geschlechts, der Abstammung, Rasse, Sprache, Heimat, Herkunft, des Glaubens, der religiösen oder politischen Anschauung),
- **Art. 6 V GG** (Gleichstellung von ehelichen und nichtehelichen Kindern),
- **Art. 33 I - III GG** (Garantie der staatsbürgerlichen Gleichheit),
- **Art. 38 I 1 GG** (Wahlrechtsgleichheit),
- **Art. 21 I iVm 3 I GG** (Chancengleichheit der politischen Parteien),
- **Art. 140 GG iVm Art. 136 I und II WRV** (weltanschauliche Neutralität des Staates).

Mit den Freiheitsrechten haben die Gleichheitsrechte gemeinsam, dass es sich auch bei ihnen um **subjektive Rechte**[87] handelt, deren Verletzung im Rahmen einer Verfassungsbeschwerde gerügt werden kann. Ebenso wie die Freiheitsrechte begrenzen die Gleichheitsrechte ferner staatliches Handeln. Ungleichbehandlungen durch den Staat dürfen nicht grundlos geschehen,[88] sondern sind rechtfertigungsbedürftig.

---

[87] *Heun*, in: Dreier, GG, Art. 3 Rn 17.
[88] *Pieroth/Schlink*, Grundrechte Rn 428.

Die Prüfung, ob ein Gleichheitsrecht verletzt ist, unterscheidet sich jedoch deutlich von der eines Freiheitsgrundrechts. Einen „Schutzbereich" gibt es bei den Gleichheitsrechten nämlich nicht und folglich auch keinen Eingriff in den Schutzbereich. Ein Gleichheitsrecht ist vielmehr immer dann verletzt, **wenn (1.) eine rechtlich relevante Ungleichbehandlung vorliegt und (2.) diese Ungleichbehandlung verfassungsrechtlich nicht gerechtfertigt ist.**[89]

Merke: Die Prüfung, ob ein Gleichheitsrecht verletzt ist, besteht somit immer aus folgenden **zwei Schritten**:

Schritt 1: Feststellung einer relevanten Ungleichbehandlung.
Schritt 2: Feststellung, ob die Ungleichbehandlung
　　　　　　verfassungsrechtlich gerechtfertigt ist.

Zu beachten ist in diesem Zusammenhang noch, dass die Gleichheitsrechte zu den Freiheitsrechten grundsätzlich in **keinem Ausschließlichkeitsverhältnis** stehen.[90] In einer Klausur kann daher die Verletzung eines Gleichheitsrechts auch noch neben der Verletzung eines Freiheitsrechts geprüft werden.

II. Prüfung d. allgemeinen Gleichheitssatzes (Art. 3 I GG)

Falls in einer Klausur der Verstoß gegen ein Gleichheitsrecht zu prüfen ist, wird es in den meisten Fällen um den Art. 3 I GG, den allgemeinen Gleichheitssatz, gehen. Die Prüfung des Art. 3 I GG sieht wie folgt aus:

Vorüberlegung: Ist ein spezielleres Gleichheitsrecht einschlägig?

Bevor mit der bereits erwähnten 2-Schritt-Prüfung begonnen wird, ist zunächst zu überlegen, ob eines der oben aufgezählten speziellen Gleichheitsrechte einschlägig ist. Sollte dies der Fall sein, ist das spezielle Gleichheitsrecht vorrangig zu prüfen. Sollte sich bei der Prüfung des speziell-

---

[89]　Vgl. *Epping*, Grundrechte Rn 659 f.
[90]　Vgl. *Heun*, in: Dreier, GG, Art. 3 Rn 139.

eren Gleichheitsrechts jedoch herausstellen, dass dieses nicht verletzt ist, kann anschließend ergänzend auch noch der allgemeine Gleichheitssatz geprüft werden.[91]

1. Feststellung einer verfassungsrechtlich relevanten Ungleichbehandlung

Am Anfang der Prüfung des Art. 3 I GG steht die Frage, ob eine verfassungsrechtlich relevante Ungleichbehandlung vorliegt. Eine *rechtlich relevante* Ungleichbehandlung liegt nach der Rspr. des Bundesverfassungsgerichts dann vor, wenn **wesentlich Gleiches ungleich behandelt wird**.[92] Zu klären ist somit, ob a) zwei Fallgestaltungen wesentlich gleich sind und ob b) eine Ungleichbehandlung gegeben ist. Der erste Prüfungsschritt untergliedert sich somit in zwei weitere Teilschritte.

a) Feststellung der wesentlichen Gleichheit zweier Fallgestaltungen anhand eines Oberbegriffs

Zunächst ist somit die Frage zu klären, ob zwei Fallge-staltungen „wesentlich gleich" sind. Aus dem Begriff „wesentlich" folgt, dass nicht Gleichheit iSv Identität gegeben sein muss, sondern Gleichheit iSv **Vergleichbarkeit**.[93] Um festzustellen, ob bei mehreren Personen, Gruppen oder Sachverhalten diese Vergleichbarkeit gegeben ist, wird ein **gemeinsamer Oberbegriff** (genus proximum) gesucht, von dem die verschieden behandelten Sachverhalte vollständig und abschließend erfasst sein müssen.[94]

Bsp.: Beschwert sich ein Medizinstudent, dass er höhere Studiengebühren bezahlen muss als ein Jurastudent, so ist der gemeinsame Oberbegriff „Student". Unter diesen fallen sowohl Jurastudenten als auch Medizinstudenten.

---

[91] Vgl. *Heun*, in: Dreier, GG, Art. 3 Rn 141. Insofern unterscheiden sich die Gleichheitsrechte von den Freiheitsrechten, bei denen ein Rückgriff auf Art. 2 I GG verwehrt ist, wenn der Schutzbereich eines speziellen Grundrechts eröffnet ist.

[92] Etwa BVerfGE 49, 148 (165).

[93] *Epping*, Grundrechte Rn 665; *Pieroth/Schlink*, Grundrechte Rn 431.

[94] *Epping*, Grundrechte Rn 666; *Heun*, in: Dreier, GG, Art. 3 Rn 23; *Pieroth/Schlink*, Grundrechte Rn 431 ff.

Hinweis: Soweit die Bürger eines Landes durch ein Landesgesetz anders behandelt werden als die Bürger in einem anderen Land durch die dortigen Landesgesetze, kann von vornherein kein Verstoß gegen Art. 3 I GG vorliegen. Es fehlt hier bereits an der wesentlichen Gleichheit. Diese liegt nur vor, wenn die betroffenen Bürger derselben Rechtsetzungsgewalt unterworfen sind. Entsprechendes gilt für Satzungen verschiedener Gemeinden, Universitäten etc.[95]

b) Feststellung der Ungleichbehandlung aufgrund eines Unterscheidungsmerkmals

Anschließend ist in einem zweiten Teilschritt die Ungleichbehandlung der unter den gemeinsamen Oberbegriff fallenden Personen/Gruppen/Sachverhalte aufgrund eines **Unterscheidungsmerkmals** (Differenzierungskriterium) festzustellen. Ergibt sich dann, dass zwei vergleichbare Sachverhalte unterschiedlich behandelt werden, liegt eine Ungleichbehandlung von wesentlich Gleichem vor. Lässt sich hingegen kein sinnvoller Oberbegriff bilden, sind die Fallgruppen nicht wesentlich gleich und folglich ist die Ungleichbehandlung auch nicht verfassungsrechtlich relevant.

Bsp.: In dem eben genannten Beispiel ist das Studienfach (Jura bzw. Medizin) das Unterscheidungsmerkmal (Differenzierungskriterium), aufgrund dessen eine Unterscheidung erfolgt.[96]

Beachte: Ob ein sinnvoller gemeinsamer Oberbegriff gebildet werden kann, ob also zwei Fallgestaltungen wesentlich gleich sind, ist eine wertende – nicht rein logische – Frage, die sachgerecht im Hinblick auf die verfolgten Ziele vorgenommen werden muss.[97] Gleiches gilt für die Festlegung des Differenzierungskriteriums. Im Zweifel sollte man in einer Klausur bei der Frage, ob sich zwei Fallgestaltungen unter einen gemeinsamen Oberbegriff subsumieren lassen, großzügig sein. Ein Verstoß gegen den allgemeinen Gleichheitssatz kann dann immer noch auf der Ebene der verfassungsrechtlichen Rechtfertigung abgelehnt werden.

[95] Vgl. *Pieroth/Schlink*, Grundrechte Rn 431.
[96] Weitere Beispiele und eine gerade für Anfänger gut verständliche Darstellung der Gleichheitsprüfung finden Sie bei *Epping*, Grundrechte Rn 667 ff.
[97] *Heun*, in: Dreier, GG, Art. 3 I Rn 24.

Nach der Rechtsprechung des Bundesverfassungsgerichts ist ein Verstoß gegen den allgemeinen Gleichheitssatz (Art. 3 I GG) nicht nur durch eine Ungleichbehandlung von wesentlich Gleichem, sondern auch bei der **Gleichbehandlung von wesentlich Ungleichem** möglich.[98] Die Probleme der Gleichbehandlung lassen sich jedoch - bei Wahl der richtigen Vergleichsgruppe - stets auch als Probleme der Ungleichbehandlung fassen.[99] Insofern wird in einer Klausur auf den Aspekt „Gleichbehandlung von wesentlich Ungleichem" meist nicht näher eingegangen werden müssen.

2. Verfassungsrechtliche Rechtfertigung

Ist am Ende des ersten Prüfungsschritts festgestellt worden, dass eine Ungleichbehandlung von wesentlich Gleichem vorliegt, ist in einem 2. Prüfungsschritt die Frage zu klären, ob diese Ungleichbehandlung verfassungsrechtlich gerechtfertigt ist. Nur wenn dies nicht der Fall ist, liegt ein Verstoß gegen Art. 3 I GG vor. Welche Anforderungen an die verfassungsrechtliche Rechtfertigung zu stellen sind, hängt nach der Rechtsprechung des Bundesverfassungsgerichts von der Intensität der Ungleichbehandlungen ab. Bei Ungleichbehandlungen *geringerer Intensität* findet die sog. **Willkürformel** Anwendung. Für Maßnahmen *höherer Intensität* gilt die sog. **neue Formel** des Bundesverfassungsgerichts.[100] Eine Ungleichbehandlung höherer Intensität wird bei **personenbezogenen** und nicht bloß sachbezogenen **Ungleichbehandlungen** angenommen.[101] Personenbezogen ist eine Ungleichbehandlung, wenn als Differenzierungskriterium Eigenschaften der Person gewählt werden (Alter, Gesundheit, Familienstand).

---

[98]   BVerfGE 49, 148; 86, 81, 87.
[99]   *Pieroth/Schlink*, Grundrechte Rn 436 f. mit einem anschaulichen Beispiel hierzu.
[100]   Vgl. *Manssen*, Staatsrecht II Rn 870 ff.; *Pieroth/Schlink*, Grundrechte Rn 438 ff. An dieser Stelle darf auch der Hinweis nicht fehlen, dass das BVerfG die sog. neue Formel erstmals 1980 angewendet hat. Diese ist somit alles andere als neu. Der Begriff „neue Formel" hat sich jedoch etabliert, so dass auch Sie den Begriff verwenden sollten.
[101]   *Epping*, Grundrechte Rn. 617.

Eine sachbezogene Ungleichbehandlung liegt hingegen dann vor, wenn persönliche Eigenschaften keine Rolle spielen. Letztere sind allerdings dann von höherer Intensität, wenn durch die sachliche Ungleichbehandlung der **Gebrauch grundrechtlich geschützter Freiheiten erschwert wird.**[102]

a) Ungleichbehandlungen geringerer Intensität (Prüfungsmaßstab: Willkürformel)

Nach der Rspr. des Bundesverfassungsgerichts sind Ungleichbehandlungen geringerer Intensität verfassungsrechtlich zulässig, soweit der Staat nicht willkürlich handelt (**Willkürverbot**).[103] Erst bei einem Verstoß gegen das Willkürverbot verletzt die Ungleichbehandlung den Art. 3 I GG.

Willkürlich ist eine Differenzierung dann, wenn sich für sie **keine vernünftigen Erwägungen** finden lassen, die sich aus der Natur der Sache ergeben oder sonst wie einleuchtend sind.[104] Es muss also nur irgendein sachlicher Grund für die Ungleichbehandlung vorliegen.

> **Merke**: Das Bundesverfassungsgericht entnimmt dem Art. 3 I GG somit das Gebot, weder wesentlich Gleiches willkürlich ungleich noch wesentlich Ungleiches willkürlich gleich zu behandeln.

b) Ungleichbehandlungen höherer Intensität (Prüfungsmaßstab: „neue Formel")

Ungleichbehandlungen höherer Intensität prüft das BVerfG anhand der sog. **neuen Formel**. Danach ist Art. 3 I GG verletzt, wenn

„eine Gruppe von Normadressaten im Vergleich zu anderer Normadressaten anders behandelt wird, obwohl zwischen beiden Gruppen keine Unterschiede von solcher Art und solchem Gewicht bestehen, dass sie die ungleiche Behandlung rechtfertigen könnten".[105]

---

[102] *Epping*, Grundrechte Rn. 622; BVerfGE 82, 126 (146).
[103] Vgl. etwa BVerfGE 107, 27 (46).
[104] BVerfGE 10, 234 (246).
[105] BVerfGE 55, 72 (88).

Anders als bei der Willkürformel reicht zur Rechtfertigung einer Ungleichbehandlung nicht mehr irgendein sachlicher Grund aus, sondern der rechtfertigende Grund muss in einem **angemessenen Verhältnis** zur Ungleichbehandlung stehen. Es ist also eine Verhältnismäßigkeitsprüfung der Ungleichbehandlung vorzunehmen.[106] Nach der neuen Formel ist eine Ungleichbehandlung daher dann verfassungsrechtlich gerechtfertigt, wenn folgende Voraussetzungen erfüllt sind:[107]

aa) Erstens muss das **Differenzierungsziel** als solches verfassungsrechtlich zulässig sein.

bb) Zweitens muss das **Differenzierungskriterium** als solches verfassungsrechtlich zulässig sein.

cc) Drittens muss das Differenzierungskriterium im Hinblick auf das Differenzierungsziel verhältnismäßig, also **geeignet, erforderlich und angemessen** sein.

(1) Geeignetheit: Die Ungleichbehandlung muss zur Erreichung des verfolgten Ziels förderlich sein.

(2) Erforderlichkeit: Es darf kein milderes Mittel als die Ungleichbehandlung geben, mit dem sich das Ziel ebenso effektiv erreichen ließe.

(3) Angemessenheit (Verhältnismäßigkeit ieS): Die Bedeutung des Ziels der Ungleichbehandlung ist der Intensität der Ungleichbehandlung gegenüber zu stellen. Die Ungleichbehandlung muss in einem angemessenen Verhältnis zum Wert des verfolgten Ziels stehen.

---

[106] Vgl. *Epping*, Grundrechte Rn 678 ff.; *Manssen*, Staatsrecht II Rn 874 f. Die Anwendung des Verhältnismäßigkeitsprinzips ist bei den Gleichheitsrechten jedoch nicht unproblematisch. Die Anwendung des Verhältnismäßigkeitsprinzips setzt nämlich eine Zweck-Mittel-Relation voraus. Die Rechtfertigung einer Ungleichbehandlung lässt sich jedoch – anders als bei Freiheitsrechten - häufig nicht in das Schema einer Zweck-Mittel-Relation pressen. Kritisch hinsichtlich einer Verhältnismäßigkeitsprüfung daher *Heun*, in: Dreier, GG, Art. 3 Rn 26 ff.

[107] Vgl. *Manssen*, Staatsrecht II Rn 875.

Merke: Nach der „neuen Formel" verstößt der Gesetzgeber daher gegen Art. 3 I GG, wenn sich für eine Ungleichbehandlung kein in angemessenem Verhältnis zu dem Grad der Ungleichbehandlung stehender Rechtfertigungsgrund finden lässt.[108]

3. Ergebnis

Stellt sich am Ende der zweistufigen Prüfung heraus, dass eine wesentliche Ungleichbehandlung vorliegt, die auch nicht verfassungsrechtlich gerechtfertigt ist, ist Art. 3 I GG verletzt. Andernfalls ist eine Verletzung des Art. 3 I GG zu verneinen.

Prüfungsschema Art. 3 I GG

Vorüberlegung: kein spezielles Gleichheitsrecht einschlägig (etwa Art. 3 III GG)

1. Rechtlich relevante Ungleichbehandlung
- a) wesentliche Gleichheit zweier Fallgestaltungen
  - Bezugspunkt ist gemeinsamer Oberbegriff
- b) Ungleichbehandlung

2. Verfassungsrechtliche Rechtfertigung
- a) **Willkürformel** bei Ungleichbehandlungen geringerer Intensität.
  - irgendein sachlicher Grund
- b) **Neue Formel** bei Eingriffen höherer Intensität (personenbezogene Ungleichbehandlungen oder sachliche Ungleichbehandlungen, die Gebrauch grundrechtlich geschützter Freiheit erschweren).
  - Verhältnismäßigkeitsprüfung

---

[108] BVerfGE 102, 68, 87.

III. Die Prüfung der speziellen Gleichheitsrechte des Art. 3 III GG

Spezielle Differenzierungsverbote enthält der Art. 3 III GG. Verboten ist demnach eine rechtliche Ungleichbehandlung (Differenzierung) wegen des Geschlechts, der Abstammung, der Rasse, der Sprache, der Heimat, der Herkunft, des Glauben, der religiösen oder politischen Anschauung bzw. einer Behinderung. Da die Differenzierungsverbote des Art. 3 III GG die Anwendung des Rechtfertigungsmaßstabes des Art. 3 I GG ausschließen, weicht die Prüfung des Art. 3 III GG etwas von der des Art. 3 I GG ab. Das 2-Schritt-Grundschema findet jedoch auch hier Anwendung:

1. Feststellung einer rechtlichen Ungleichbehandlung wegen eines der in Art. 3 III GG genannten Kriterien

Zunächst ist zu prüfen, ob eine rechtliche Ungleichbehandlung „**wegen**" eines der in Art. 3 III GG genannten Kriterien erfolgt ist. Der Begriff „wegen" beinhaltet, dass eines der Kriterien des Art. 3 III GG ursächlich für die Diskriminierung gewesen sein muss (Kausalitätsmodell).[109]

2. Verfassungsrechtliche Rechtfertigung

Konnte eine Ungleichbehandlung wegen eines verbotenen Kriteriums festgestellt werden, ist zu prüfen, ob diese verfassungsrechtlich gerechtfertigt ist. Der Wortlaut des Art. 3 III GG enthält zwar zunächst keinen Hinweis auf Ausnahmen; wie bei den vorbehaltlos gewährten Freiheitsgrundrechten können aber auch im Rahmen des Art. 3 III GG Ungleichbehandlungen durch **kollidierendes Verfassungsrecht** gerechtfertigt sein.[110]

---

[109] Näheres hierzu bei *Heun*, in: Dreier, GG, Art. 3 Rn 119 ff. Zu dem Problem mittelbarer Diskriminierung *Manssen*, Staatsrecht II Rn 854 f.
[110] BVerfGE 92, 91, 109.

Kollidierendes Verfassungsrecht können zunächst andere Grundrechtsvorschriften sein, die explizit Differenzierungen zulassen oder wenigstens nahelegen (Art. 12a GG, Art. 3 II 2 GG), ferner sonstiges Verfassungsrecht (Art. 140 GG iVm Art. 136 ff WRV), insbesondere Staatsstrukturprinzipien (Art. 20 GG) und Staatszielbestimmungen (Art. 20a GG).[111]

Ist eine Ungleichbehandlung nicht wie bei Art. 12a GG ausdrücklich im GG vorgesehen, ist eine **Verhältnismäßigkeitsprüfung** vorzunehmen. Diese unterliegt zudem dann besonders hohen Anforderungen, wenn das verbotene Differenzierungskriterium rechtlich unmittelbar den Anknüpfungspunkt für eine Ungleichbehandlung darstellt.[112]

IV. Rechtfertigung einer Ungleichbehandlung wegen des Kriteriums Geschlecht

Auf die Rechtfertigung einer Ungleichbehandlung wegen des Kriteriums Geschlecht soll hier aufgrund der erhöhten Klausurrelevanz näher eingegangen werden:

1. Feststellung einer Ungleichbehandlung wegen des Geschlechts, Art. 3 II 1, III 1 GG

Das Verbot einer Differenzierung wegen des Merkmals „Geschlecht" ergibt sich nicht nur aus Art. 3 III 1 GG, sondern auch aus Art. 3 II 1 GG. Allerdings weist Art. 3 II 1 GG gegenüber Art. 3 III 1 GG **keinen eigenständigen Regelungsgehalt** auf. Ob Sie eine an das Geschlecht anknüpfende Differenzierung als Verstoß gegen Art. 3 III 1 GG oder Art. 3 II 1 GG prüfen, ist letztlich unerheblich.

2. Verfassungsrechtliche Rechtfertigung

Eine Ungleichbehandlung von Männern und Frauen kann – wie eben beschrieben – zunächst durch kollidierendes Verfassungsrecht gerechtfertigt sein (insbesondere Art. 3 II 2 GG und Art. 12a GG).

---

[111] Einzelheiten bei *Epping*, Grundrechte Rn 727 ff.
[112] *Epping*, Grundrechte Rn 729.

Darüber hinaus ist eine Ungleichbehandlung, die an das Differenzierungskriterium „Geschlecht" anknüpft, noch in folgenden zwei Fällen, die bekannt sein sollten, zulässig:[113] Die Ungleichbehandlung betrifft Fälle, in denen der Sachverhalt seiner Natur nach überhaupt **nur in einem Geschlecht verwirklicht werden kann** (z.B. Schwangerschaft, Geburt). Die Ungleichbehandlung betrifft Sachverhalte, die durch **biologische Unterschiede** der Geschlechter so entscheidend geprägt sind, dass etwa vergleichende Elemente daneben völlig zurücktreten. Die Rechtsprechung des Bundesverfassungsgerichts ist hinsichtlich solcher biologischer Unterschiede jedoch sehr restriktiv.[114] Beachten Sie ferner, dass allein **funktionale Unterschiede,** also die herkömmliche Rollenverteilung, eine Ungleichbehandlung auf keinen Fall rechtfertigen können. Das überkommene Rollenverständnis soll nämlich gerade nicht weiter verfestigt werden.

V. Prüfung der sonstigen Gleichheitsrechte

Auf die Prüfung der **sonstigen Gleichheitsrechte** (Art. 6 I GG, Art. 21 iVm Art. 3 I GG, Art. 33 I - III GG, Art. 38 I 1 GG) wird hier wegen der fehlenden Relevanz für die Anfängerklausuren im Staatsrecht II nicht näher eingegangen. Die Prüfung in der Fallbearbeitung erfolgt jedoch auch hier nach dem beschriebenen 2-Schritt-Grundschema. Zunächst ist zu prüfen, ob eine Ungleichbehandlung vorliegt. Dann ist die Frage zu klären, ob diese verfassungsrechtlich gerechtfertigt ist, wobei an die Rechtfertigung höhere Anforderungen zu stellen sind als bei Art. 3 I GG.

Hinweis: Ein Fall zur Gleichheit der Abgeordneten (Art. 38 I 1 GG) findet sich bei *Reffken/Thiele*, Standardfälle Staatsrecht I, Fall 6.

---

[113] Vgl. *Heun*, in: Dreier, GG, Art. 3 Rn 109 ff. Hinsichtlich der Zulässigkeit von Frauenquoten siehe *Epping*, Grundrechte Rn 740 ff. und mit weiteren Nachweisen.

[114] Nach Ansicht des Bundesverfassungsgerichts lassen sich ein Nachtarbeitsverbot bei Frauen und die Befreiung von einer Feuerwehrdienstpflicht nicht mit biologischen Unterschieden rechtfertigen, BVerfGE 85, 191 (207) (Nachtarbeitsverbot); BVerfGE 92, 91 (109) (Feuerwehrabgabe).

3. TEIL: FÄLLE UND LÖSUNGEN

Im dritten Teil dieses Skripts wird anhand von zehn Standardfällen ein Einblick in das Staatsrecht II gegeben, wobei vor allem verfassungsrechtliche Fragen behandelt werden, die regelmäßig Gegenstand von Anfängerklausuren sind. Die Lösungen zu den Fällen sind ausformuliert und verstehen sich als **Formulierungsvorschlag** für entsprechende Klausurlösungen. Es wurde bewusst auf eine lediglich skizzenhafte Falllösung verzichtet, da gerade Anfangssemester oftmals große Mühe haben, die gefundene gedankliche Lösung auch sprachlich souverän darzustellen.

Ebenso wie das juristische Fachwissen muss man sich den sogenannten **Gutachtenstil** erst im Laufe des Studiums aneignen. Vor allem die richtige Mischung von Urteils- und Gutachtenstil lässt sich jedoch nur schwer abstrakt erläutern, sondern kann letztlich allein durch das selbständige Schreiben und Lösen von Klausuren wirklich verinnerlicht werden. Eine Hilfestellung bietet zudem die Einführung von *Butzer/Epping*, Arbeitstechnik im öffentlichen Recht, 3. Auflage 2006.

In den Falllösungen finden sich zudem eine Reihe von **Fußnoten**. Sie sollen eine Vertiefung der im Fall angesprochenen Probleme ermöglichen und können damit auch den ersten Einstieg bei der Bearbeitung einer **Hausarbeit** im Staatsrecht II erleichtern.

FALL 1: RAUCHENDER SECHZIGER

In Europa wird mehr und mehr das Thema „Rauchen" von der Öffentlichkeit diskutiert. Vor allem die Tatsache, dass immer mehr Jugendliche immer früher zur Zigarette greifen, führt zu zahlreichen „Anti-Raucher-Kampagnen", die von privaten Gruppen organisiert werden.

Die Landesregierung des Landes N will sich diesem Trend nicht verschließen. Auch sie will dazu beitragen, eine zu frühe Abhängigkeit insbesondere junger Menschen zu verhindern. Sie beschließt daher eine Ergänzung des Schulgesetzes mit folgendem Inhalt:

§ 8a

Auf dem gesamten Gelände staatlicher Schulen ist das Rauchen sowohl für die Bediensteten (Lehrerinnen und Lehrer sowie sonstige Bedienstete) als auch für die Schülerinnen und Schüler ganztägig nicht gestattet.

Begründet wird das Gesetz dabei sowohl mit dem Gesundheitsschutz als auch mit der Vorbildfunktion der Lehrkräfte. Das Gesetz wird in den Landtag eingebracht und anschließend formell ordnungsgemäß von diesem beschlossen. Es wird anschließend verkündet und tritt wie vorgesehen zwei Wochen später in Kraft.

Der seit den Sechzigern rauchende Lehrer L sieht sich durch dieses Gesetz in seiner „Rauchfreiheit" verletzt. Er könne schließlich selbst entscheiden, ob er rauchen wolle oder nicht. Da er den ganzen Tag an der Schule tätig sei, müsse er dann auch dort die Möglichkeit haben, diesem Genuss nachzugehen. Immerhin habe in den Sechzigern jeder geraucht und wirklich gestört habe es keinen.
Er scheut sich daher nicht vor dem Gang nach Karlsruhe.

Kann sich L mit Erfolg an das BVerfG wenden?

Hinweis: Art. 3 I GG ist nicht zu prüfen.

Lösung Fall 1: Rauchender Sechziger

Vorüberlegung: Hier möchte L wissen, ob er sich mit Erfolg an das BVerfG wenden kann. Er strebt also einen **Verfassungsprozess** an. Bei der Beantwortung der Frage müssen Sie folglich nicht allein die Vereinbarkeit des geplanten Gesetzes mit dem GG untersuchen. Sie müssen sich vielmehr auch überlegen, ob dem L ein solches Verfahren überhaupt bereit steht. Die Aufgabe ist also „prozessual eingekleidet". Verfahren vor dem BVerfG gliedern sich grds. in zwei Teile: Die **Zulässigkeit** und die **Begründetheit**. Damit ist auch für Ihre Falllösung die Grobgliederung vorgegeben.

L wendet sich gegen das Gesetz des Landes N. In Betracht kommt hier eine **Verfassungsbeschwerde**[115] gemäß Art. 93 I Nr. 4a GG iVm §§ 13 Nr. 8a, 90 ff. BVerfGG. Diese hat Aussicht auf Erfolg, wenn sie zulässig (A) und begründet (B) ist.

> **Tipp**: Es empfiehlt sich, bereits im Obersatz klarzustellen, was im Folgenden geprüft wird und unter welcher Gliederungsebene die entsprechenden Prüfungen zu finden sind. Dies hilft insbesondere dem Korrektor, den Überblick zu behalten. Hier ist durch den Obersatz klargestellt, dass sich die Zulässigkeit der Klage unter (A) und die Begründetheit unter (B) findet.

A. Zulässigkeit

I. Beschwerdeberechtigung

L müsste zunächst beschwerdeberechtigt sein. Beschwerdeberechtigt ist gemäß § 90 BVerfGG grds. „**jedermann**", also jedenfalls **jede natürliche Person**. L ist als natürliche Person damit auch beschwerdeberechtigt.

II. Beschwerdegegenstand

Die VB müsste gegen einen tauglichen Beschwerdegegenstand gerichtet sein. Tauglicher Beschwerdegegenstand ist gemäß § 90 I BVerfGG **jeder Akt der öffentlichen Gewalt**. Der Begriff der öffentlichen Gewalt umfasst dabei anders als in Art. 19 IV GG **alle drei Gewalten**, um so einen

---

[115] Lesen Sie zu dieser nach Möglichkeit auch *Erichsen*, Jura 1991, 585.

umfassenden Grundrechtsschutz im Sinne des Art. 1 III GG zu gewährleisten.[116]

> **Tipp**: In einer Klausur empfiehlt es sich, an dieser Stelle kurz klarzustellen, dass der Begriff „öffentliche Gewalt" hier wegen Art. 1 III GG anders zu verstehen ist, als in Art. 19 IV GG.

Bei dem vorliegenden Gesetz, gegen das sich L wendet, handelt es sich um einen **Akt der Legislative**. Es ist damit ein tauglicher Beschwerdegegenstand.

> **Hinweis**: Es ist unerheblich, dass es sich hier um ein Landes- und kein Bundesgesetz handelt. Auch die Länder üben öffentliche Gewalt aus und sind an die (Bundes-) Grundrechte gebunden.

III. Beschwerdebefugnis

L müsste auch beschwerdebefugt sein. Dies ist gemäß § 90 I BVerfGG der Fall, wenn er durch das Gesetz **möglicherweise (1) selbst, gegenwärtig und unmittelbar (2)** in Grundrechten oder grundrechtsgleichen Rechten verletzt wird.[117]

1. Möglichkeit einer Grundrechtsverletzung

Eine Grundrechtsverletzung müsste zunächst möglich erscheinen. Eine solche Möglichkeit besteht, wenn der Grundrechtsverstoß nicht von vornherein offensichtlich ausgeschlossen ist.[118]

a) Geltung in „besonderen Gewaltverhältnissen"

Eine Grundrechtsverletzung könnte hier bereits dadurch ausgeschlossen sein, dass es sich um eine Regelung im Schulbereich handelt. Vor allem in den Anfangsjahren der Bundesrepublik wurde unter Anlehnung an die aus dem 19. Jahrhundert stammende Auffassung vom **„besonderen Gewaltverhältnis"** die Ansicht vertreten, dass in den Bereich-

---

[116] *Hillgruber/Goos*, Verfassungsprozessrecht Rn 132.
[117] *Schlaich/Korioth*, Das Bundesverfassungsgericht Rn 215.
[118] BVerfGE 38, 139 (146); *Epping*, Grundrechte Rn 173.

en, in denen der Einzelne dem Staat in besonderer Weise zugeordnet ist, eine Grundrechtsgeltung nicht in Betracht komme.[119] Neben den Betroffenen im Schulbereich sollte dies vor allem für sonstige Beamte, Soldaten und Strafgefangene gelten.

Die Ansicht wurde mit der besonderen Nähe des Einzelnen zum Staat begründet, die diesen quasi allein zu einem „**Rädchen im staatlichen System**"[120] mache, weshalb eine Grundrechtsgeltung ausscheiden müsse (quasi „Konfusionsargument"). Dieser Auffassung hat das BVerfG jedoch im Jahre 1972 zu Recht widersprochen.[121]

Aus **Art. 1 III GG** folge, dass die Grundrechte in allen Bereichen, für die Legislative, Exekutive und Judikative verbindlich seien. **Die Grundrechte gelten daher grds. auch im Bereich der „besonderen Gewaltverhältnisse".** Eine Grundrechtsverletzung kommt nur dann nicht in Betracht, wenn es sich um eine Maßnahme handelt, die allein den internen Schulbetrieb regelt und nicht die persönliche Stellung des Einzelnen betrifft.[122] In diesem Fall wird jedoch die persönliche Rechtsstellung des L berührt. Da in diesem Bereich die Grundrechte volle Geltung beanspruchen, ist allein aufgrund seiner Stellung als Lehrer eine Grundrechtsverletzung nicht auszuschließen.

b) Generelle Möglichkeit

Es ist damit nach allgemeinen Grundsätzen zu fragen, ob in diesem Fall eine Grundrechtsverletzung als möglich erscheint. Da es an einem speziellen „Rauchergrundrecht" fehlt, kommt hier allein Art. 2 I GG in Betracht, der die **freie Entfaltung der Persönlichkeit** gewährleistet. Es erscheint dabei nicht ausgeschlossen, dass auch das Rauchen von dieser Entfaltungsmöglichkeit umfasst wird. Sollte dies der

---

[119] *Sachs*, Verfassungsrecht II, A 9 Rn 46 ff.
[120] Vgl. *Epping*, Grundrechte Rn 867.
[121] BVerfGE 33, 1 (9).
[122] *Epping*, Grundrechte Rn 868. Beispiel ist etwa die Regelung des Stundenplans oder die Klasseneinteilung.

Fall sein, wird dem L somit ein geschütztes Verhalten verboten. Es erscheint daher jedenfalls nicht ausgeschlossen, dass L durch das Rauchverbot in einem seiner Grundrechte verletzt wird.

> **Hinweis**: An dieser Stelle wurde die Frage des Schutzbereichs des Art. 2 I GG bewusst offengelassen, um so eine ausführlichere Diskussion im Rahmen der Begründetheit führen zu können.

2. Selbst, gegenwärtig und unmittelbar

L müsste auch selbst, gegenwärtig und unmittelbar betroffen sein. Das BVerfG hat diese Voraussetzungen insbesondere für die Rechtssatz-VB entwickelt, um die strenge Subsidiarität der VB geltend zu machen.

Selbstbetroffenheit ist gegeben, wenn der Beschwerdeführer eigene Grundrechte geltend macht. Eine Prozessstandschaft ist also ausgeschlossen. Hier macht der L sein „Rauchrecht" geltend, das durch das Gesetz berührt wird. Er ist also selbst betroffen.

Eine **gegenwärtige Betroffenheit** liegt vor, wenn der Beschwerdeführer schon oder noch in seinen Grundrechten betroffen ist. Da das Gesetz hier bereits in Kraft getreten ist, ist L auch gegenwärtig betroffen.

L müsste aber auch **unmittelbar** betroffen sein. Eine solche Unmittelbarkeit ist bei einer VB gegen Gesetze nur dann gegeben, wenn die grundrechtsbeeinträchtigenden Wirkungen des Gesetzes ohne einen weiteren Vollzugsakt eintreten.[123] Es fehlt also vor allem dann an einer Unmittelbarkeit, wenn die jeweiligen Normen zu Eingriffen in die Grundrechte erst ermächtigen. Die Norm muss für eine unmittelbare Wirkung also „**selbstausführend**" sein. Eine solche Wirkung haben vor allem **selbständige Ge- oder Verbote**,[124] da in diesen Fällen das Gesetz selbst ohne weitere Konkretisierung durch die Verwaltung ein bestimmtes Verhalten ge- oder

---

[123] *Sachs*, Verfassungsprozessrecht Rn 487.
[124] *Sachs*, aaO; *Sodan/Ziekow*, Grundkurs Öffentliches Recht, § 51 Rn 37.

verbietet. In diesem Fall wird das Rauchen an Schulen durch das Gesetz selbst untersagt. Eine Konkretisierung dieses Verbots ist durch die Verwaltung nicht mehr nötig. Daher ist L hier auch unmittelbar betroffen.

IV. Rechtswegeerschöpfung und Subsidiarität

L müsste gemäß § 90 II BVerfGG den möglichen **Rechtsweg** ausschöpfen. Da es jedoch an einem Rechtsweg gegen Gesetze fehlt,[125] kann L sich ausnahmsweise direkt an das BVerfG wenden. Auch sonstige Möglichkeiten, den Grundrechtsverstoß zunächst durch die Fachgerichtsbarkeit überprüfen zu lassen (Subsidiarität), sind nicht ersichtlich.

V. Form und Frist

L muss die VB schriftlich einlegen und begründen (§ 23 BVerfGG). Es besteht eine Frist von einem Jahr (§ 93 III BVerfGG).

VI. Ergebnis

Die VB des L ist zulässig.

B. Begründetheit

Die Verfassungsbeschwerde des L ist auch begründet, wenn dieser durch das Landesgesetz tatsächlich in seinem Grundrecht aus Art. 2 I GG verletzt wurde.

Tipp: Nehmen Sie in dem Obersatz zur Begründetheit den konkreten Beschwerdegegenstand und die möglicherweise verletzten Grundrechte auf. Hierdurch wird der abstrakte, für alle VB geltende Obersatz mit „Leben" gefüllt.

---

[125] Vgl. *Manssen*, Staatsrecht II Rn 909.

I. Schutzbereich des Art. 2 I GG

> **Hinweis**: Da es im Folgenden allein um Art. 2 I GG gehen wird, wird die Frage des Schutzbereiches hier ausführlicher dargestellt, als dies ansonsten erforderlich ist. Grds. genügt im Rahmen einer Klausurbearbeitung die Kenntnis, dass Art. 2 I GG die allgemeine Handlungsfreiheit und damit (als Auffanggrundrecht) jegliches menschliches Verhalten schützt.

1. Persönlicher Schutzbereich

Art. 2 I GG ist ein **Menschenrecht**[126] und schützt damit jedenfalls jede natürliche Person. Dies gilt nach richtiger Ansicht auch für Personen im „besonderen Gewaltverhältnis" (s.o.).[127] L fällt daher in den persönlichen Schutzbereich des Grundrechts.

2. Sachlicher Schutzbereich

Die von L angestrebte Tätigkeit (also das Rauchen) müsste auch vom sachlichen Schutzbereich des Art. 2 I GG erfasst sein. Nach der ganz überwiegenden Ansicht schützt Art. 2 I GG umfassend die **allgemeine Handlungsfreiheit**.[128]

Grundrechtlich geschützt werden danach alle Handlungsmöglichkeiten, die nicht bereits Schutzgut eines anderen Grundrechts sind.[129] Auf eine besondere Schutzwürdigkeit der jeweiligen Handlung kommt es nicht an. Umfasst ist damit vom Schutzbereich nach dieser Ansicht auch das Rauchen.

Dieser weiten Auffassung widerspricht die auch heute noch vertretene **Persönlichkeitskerntheorie**.[130] Danach ist der Schutzbereich des Art. 2 I GG auf die Gewährleistung der engeren persönlichen, freilich nicht auf rein geistige und sitt-

---

[126] *Ipsen*, Staatsrecht II Rn 719.
[127] Dazu auch *Hufen*, Staatsrecht II, § 9 Rn 2.
[128] BVerfGE 6, 32; *Sachs*, Verfassungsrecht II, B 2 Rn 12; *Ipsen*, Staatsrecht II Rn 720.
[129] *Ipsen*, Staatsrecht II Rn 722; *Manssen*, Staatsrecht II Rn 220.
[130] *Hesse*, Grundzüge des Verfassungsrechts Rn 428.

liche Entfaltung beschränkten Lebenssphäre reduziert.[131] So will etwa *Grimm* den Schutz auf besonders wichtige Elemente der Persönlichkeit begrenzen, um so einer „**Banalisierung der Grundrechte**" vorzubeugen.[132] Ziel dieser Ansicht ist dabei auch, die durch die weite Auslegung bedingte Ausuferung der Verfassungsbeschwerde rückgängig zu machen.

Nach dieser Ansicht wäre das Rauchen folglich nicht vom Schutzbereich des Art. 2 I GG erfasst, da es kaum als ein besonders wichtiges Element der Persönlichkeit angesehen werden kann. Doch stößt diese letzte Auffassung auf Bedenken. Problematisch ist insbesondere, dass die Persönlichkeitskerntheorie zwischen schutzwürdigen und nicht schutzwürdigen Handlungen differenziert. **Der Schutz ist also nur selektiv**, während die erste Ansicht zunächst alle Verhaltensweisen in den Schutzbereich einbezieht. Für eine solche Abgrenzung fehlt es jedoch an Kriterien: „Nach welchem Maßstab soll zwischen Relevanz und Irrelevanz eines Verhaltens unterschieden werden?"[133]

Es erscheint ausgeschlossen, hier Entscheidungskriterien zu finden, die nicht von dem Vorverständnis der Entscheidungsinstanz vom Verhältnis zwischen Individuum und Gemeinschaft abhängig und damit einer **ideologischen Färbung** zugänglich wären.[134] In einer freien Gesellschaft muss es jedoch dem Einzelnen zustehen, kraft seiner Autonomie frei zu entscheiden, welche Zwecke er verfolgen will oder nicht will.[135] Daher kann allein die Auffassung überzeugen, die den Schutzbereich des Art. 2 I GG weit versteht und darunter jede Form menschlicher Bestätigung fasst.[136] Damit ist im Ergebnis **auch das Rauchen vom Schutzbereich des Art. 2 I GG erfasst.**

---

[131] *Hesse*, Grundzüge des Verfassungsrechts Rn 428; *Grimm´sches* Sondervotum in BVerfGE 80, 137 (169).
[132] So *Grimm* in seinem Sondervotum in BVerfGE 80, 137 (168).
[133] *Epping*, Grundrechte Rn 536. Siehe auch *Hufen*, Staatsrecht II, § 14 Rn 6.
[134] *Ipsen*, Staatsrecht II Rn 726.
[135] *Ipsen*, Staatsrecht II Rn 726.
[136] So auch *Sodan/Ziekow*, Grundkurs Öffentliches Recht, § 27 Rn 3.

Hinweis: Aus diesen Überlegungen folgt, dass Art. 2 I GG ein „**Auffanggrundrecht**" darstellt. Sofern kein anderes Recht einschlägig ist, kann auf Art. 2 I GG zurückgegriffen werden. Zugleich tritt Art. 2 I GG jedoch **subsidiär** zurück, sofern der Schutzbereich eines anderen Grundrechts eröffnet ist, um so zu verhindern, dass diese speziellen Regelungen unterlaufen werden. Siehe hierzu ausführlich *Epping*, Grundrechte Rn 534 ff.

II. Eingriff

Durch das Gesetz müsste auch in den Schutzbereich des Art. 2 I GG eingegriffen worden sein. Nach der klassischen Definition liegt ein Eingriff jedenfalls dann vor, wenn sich ein Rechtsakt **final und unmittelbar freiheitsverkürzend auf die Rechtssphäre des Bürgers** auswirkt.[137] In diesem Fall wird dem L durch das Gesetz das Rauchen verboten. Damit wird ihm ein Verhalten, das in den Schutzbereich des Art. 2 I GG fällt, unmittelbar durch einen Rechtsakt untersagt. Es liegt damit ein Eingriff vor.

III. Verfassungsrechtliche Rechtfertigung

Der Eingriff könnte jedoch verfassungsrechtlich gerechtfertigt sein. Dies wäre der Fall, soweit die Regelung des Gesetzes von den Schranken des Art. 2 I GG gedeckt ist.

1. Generelle Einschränkbarkeit des Art. 2 I GG

Gemäß Art. 2 I GG besteht die allgemeine Handlungsfreiheit nur, soweit nicht die Rechte anderer verletzt werden oder gegen die verfassungsmäßige Ordnung oder das Sittengesetz verstoßen wird (**sog. Schrankentrias**).[138] Zentrale Bedeutung kommt hierbei dem Begriff der „verfassungsmäßigen Ordnung" zu. Aufgrund der weiten Auslegung des Schutzbereiches umfasst diese Regelung nach der Ansicht des BVerfG **alle Rechtsnormen, die formell und materiell mit der Verfassung im Einklang stehen**.[139] Damit unter-

---

[137] *Schmidt*, Grundrechte 153.
[138] *Hufen*, Staatsrecht II, § 14 Rn 20.
[139] BVerfGE 6, 32 (38).

liegt Art. 2 I GG letztlich einem **einfachen Gesetzesvorbehalt**.[140] Aufgrund dieser Auslegung kommt den „Rechten anderer" und dem „Sittengesetz" keine eigenständige Bedeutung mehr zu, da diese Bereiche bereits von der allgemeinen Rechtsordnung erfasst werden.[141] Erforderlich ist damit, dass das Gesetz formell und materiell verfassungsgemäß ist.

2. Formelle Verfassungsmäßigkeit

Das Landesgesetz müsste formell verfassungsgemäß sein. Mangels anderer Angaben im Sachverhalt lässt sich allein die Zuständigkeit klären. Diese liegt für den Erlass eines Gesetzes grds. bei den Ländern, sofern nicht ausnahmsweise durch das GG eine Zuständigkeit des Bundes besteht. Hier handelt es sich um den Bereich des Schulrechts. Es findet sich im GG diesbezüglich keine Zuweisung an den Bund, vielmehr handelt es sich geradezu um eine „klassische" Länderzuständigkeit. Das Gesetz ist damit **formell verfassungsgemäß**.[142]

Tipp: Im Rahmen der Prüfung der formellen Verfassungsmäßigkeit eines Gesetzes, sollte man stets ein paar Worte zur Zuständigkeit verlieren, auch wenn sich keine weiteren Angaben im Sachverhalt finden lassen. Die Zuständigkeit des Bundes oder des Landes ergibt sich stets aus dem GG selbst, so dass entsprechende Ausführungen im Sachverhalt nicht notwendig sind.

3. Materielle Verfassungsmäßigkeit

Das Gesetz müsste auch materiell verfassungsgemäß sein. Dies setzt insbesondere voraus, dass es sich a) als verhältnismäßig darstellt. Zudem müssten b) auch die sonstigen materiellen Anforderungen erfüllt sein.

---

[140] *Hufen*, Staatsrecht II, § 14 Rn 20 ff.
[141] *Epping*, Grundrechte Rn 553.
[142] Zur Zuständigkeitsverteilung siehe auch *Reffken/Thiele*, Standardfälle Staatsrecht I, Fall 3.

58

a) Verhältnismäßigkeit

Das Gesetz muss verhältnismäßig sein. Dies setzt zunächst einen legitimen **Zweck** voraus. Dieser liegt hier laut Sachverhalt vor allem darin, nach Möglichkeit eine zu frühe Zigarettenabhängigkeit junger Schüler zu verhindern. Es geht also um Gesundheitsschutz. Dieser stellt ein legitimes Ziel dar. Mit dem Verbot des Zigarettenrauchens wird auch ein legitimes **Mittel** verwandt.

> **Hinweis**: In der Regel wird sich das Mittel bei einer Klausurbearbeitung als legitim herausstellen. Illegitim wäre aber wegen Art. 5 I 3 GG etwa das Mittel der (Vor)Zensur.

Das Gesetz müsste zur Erreichung des gesetzten Zweckes **geeignet** sein. Dies ist dabei dann der Fall, wenn es den Zweck zumindest fördert. Das Gesetz führt hier dazu, dass den Schülern zumindest während des Schultages das Rauchen nicht mehr möglich ist. Es ist daher auch geeignet, die Zahl der abhängigen Jugendlichen zu verringern, da diese während eines Großteils des Tages mit Zigaretten nicht mehr in Kontakt kommen.

Zudem müsste das Gesetz auch **erforderlich** sein. Dies wäre dann zu verneinen, wenn dem Gesetzgeber ein gleich wirksames aber weniger intensiv in die Handlungsfreiheit eingreifendes Mittel zur Verfügung stünde. Hier wäre vor allem daran zu denken, allein den Schülern das Rauchen zu verbieten und es den Lehrern etwa in besonderen Räumen weiterhin zu gestatten. Problematisch ist dann jedoch, dass die Zigaretten nicht gänzlich vom Schulgelände verschwinden würden. Zudem ließe es sich nicht vermeiden, dass Schüler die Lehrer immer wieder einmal mit Zigaretten sehen. Dadurch wird den Schülern zumindest teilweise suggeriert, dass das Rauchen eigentlich kein besonderes Problem darstelle. Hinzu kommt, dass sich auch der Zigarettenrauch im Gebäude verbreiten könnte. Daher erscheint eine solche Regelung weniger wirksam, als die vom Gesetzgeber getroffene.

Schließlich müsste das Verbot auch **angemessen** erscheinen. Es ist also abzuwägen zwischen der Schwere des Eingriffs und dem Gewicht der den Eingriff rechtfertigenden Gründe. Hier ist zu beachten, dass Lehrer in der Regel zwischen den Unterrichtsstunden Freistunden haben, in denen sie durchaus das Schulgelände verlassen können, um dort zu rauchen. Auf der anderen Seite geht es um die Gesundheit der Schülerinnen und Schüler, die durch eine frühe Zigarettenabhängigkeit gefährdet erscheint.

Besonders problematisch ist dabei, dass jüngere Schüler ohne ein solches Rauchverbot ständig mit dem Bild rauchender älterer Schüler und vor allem auch Lehrer konfrontiert werden. Insoweit ist es durchaus denkbar, dass sich hieraus eine gewisse Dynamik entwickelt, die dazu führt, dass junge Schüler nur anfangen zu rauchen, um dazuzugehören und „cool" zu sein. In Anbetracht dieser Überlegungen erscheint das vollständige Rauchverbot an Schulen jedenfalls **nicht offensichtlich fehlsam**, die Gedanken des Gesetzgebers sind nicht völlig abwegig. Daher ist das Gesetz als angemessen anzusehen und damit insgesamt verhältnismäßig.

Achtung: Sie müssen an dieser Stelle nur überprüfen, ob die Überlegungen des Gesetzgebers angemessen erscheinen. Grds. ist es Aufgabe des Gesetzgebers, einen Ausgleich zwischen zwei kollidierenden Rechte zu finden. Sie dürfen daher nur überprüfen, ob die Anschauungen des Gesetzgebers offensichtlich fehlsam und daher unhaltbar sind. Die Kontrolldichte des BVerfG bestimmt sich dabei nach dem jeweiligen materiellen Recht, das überprüft wird. Bei Art. 2 I GG ist dabei ein größerer Spielraum des Gesetzgebers anzunehmen, als etwa bei Art. 4 I GG.

---

b) Sonstige materielle Anforderungen

Auch sonstige materielle Verstöße sind nicht ersichtlich.

IV. Ergebnis zu Art. 2 I GG

Das Gesetz greift zwar in Art. 2 I GG ein, dieser Eingriff ist jedoch verfassungsrechtlich gerechtfertigt. Eine Verletzung des Art. 2 I GG liegt damit nicht vor. Damit ist die VB nicht begründet.

C. Gesamtergebnis

Die VB des L ist zulässig aber **unbegründet**.

Hinweis: Auch eine Prüfung des Art. 3 I GG könnte hier in Erwägung gezogen werden. Als Vergleichsgruppe böten sich andere Beamte des Landes an, da diesen das Rauchen am Arbeitsplatz weiterhin gestattet ist. Die Differenzierung ließe sich jedoch angesichts der besonderen Vorbildfunktion der Lehrer gegenüber Schülern und der unumgänglichen Schulpflicht rechtfertigen. Laut Bearbeitervermerk war Art. 3 I GG jedoch nicht zu prüfen.

Fall 2: Der Sprayer von Göttingen

Der in Göttingen ansässige Künstler K, der sich auf die Sprühtechnik spezialisiert hat, ist der Ansicht, dass seine Kunstwerke bisher in der Öffentlichkeit zu wenig beachtet wurden. Die Ursachen hierfür liegen seiner Meinung nach in der zu konventionellen Präsentation seiner Werke auf Ausstellungen, Messen und in Galerien. Da diese Orte jedoch nur von Kunstliebhabern besucht würden, könne er auf diesem Wege den Großteil der Bevölkerung nicht erreichen.

Um dies zu ändern und zumindest allen Einwohnern Göttingens seine Kunst näher zu bringen, ändert K seine Strategie und besprüht in den nächsten Wochen mehr als 100 private Gebäude in der Göttinger Innenstadt mit seiner nicht mehr zu beseitigenden Graffitikunst.

Die Eigentümer der besprühten Gebäude sind hierüber jedoch wenig erfreut, zumal K sie vorher nicht um Erlaubnis für sein Vorhaben gefragt hat. Zudem sind sie der Ansicht, dass man die „Schmierereien" des K auch nicht als Kunst bezeichnen könne. Sie erstatten daher gegen K Strafanzeige. In dem folgenden Strafprozess wird K wegen Sachbeschädigung gemäß § 303 I StGB zu einer hohen Geldstrafe verurteilt.

K ist hierüber empört. Seiner Ansicht nach ist bereits der Tatbestand des § 303 I StGB nicht erfüllt. Ferner sei er durch das Urteil in seiner Kunstfreiheit aus Art. 5 III GG verletzt. Mit diesen beiden Argumenten hat er bei den Strafrichtern jedoch keinen Erfolg. Nach Erschöpfung des Rechtsweges entschließt sich K daher, vor dem Bundesverfassungsgericht Verfassungsbeschwerde zu erheben.

Frage: Hat die Verfassungsbeschwerde des K Aussicht auf Erfolg?

§ 303 StGB lautet: Wer rechtswidrig eine fremde Sache beschädigt oder zerstört, wird mit Freiheitsstrafe bis zu zwei Jahren oder mit Geldstrafe bestraft.

Lösung Fall 2: Der Sprayer von Göttingen

Zu prüfen sind die Erfolgsaussichten einer **Verfassungsbeschwerde** gemäß Art. 93 I Nr. 4a GG, §§ 13 Nr. 8 a, 90 ff. BVerfGG. Die Verfassungsbeschwerde hat Aussicht auf Erfolg, wenn sie zulässig und begründet ist.

A. Zulässigkeit

Die Verfassungsbeschwerde müsste zulässig sein.

1. Beschwerdeberechtigung

Beschwerdeberechtigt ist nach Art. 93 I Nr. 4a GG, § 90 I BVerfGG **„jedermann"**. Voraussetzung ist allein die Fähigkeit, Träger von Grundrechten zu sein. Da natürliche Personen diese Voraussetzung immer erfüllen, ist K beschwerdeberechtigt.

2. Beschwerdegegenstand

Beschwerdegegenstand kann nach Art. 93 I Nr. 4a GG, § 90 I BVerfGG **jeder Akt der öffentlichen Gewalt** sein. Erfasst sind also Maßnahmen der Gesetzgebung, der Verwaltung oder der Rechtsprechung. K wendet sich hier gegen ein Strafurteil und damit gegen eine Maßnahme der Rechtsprechung. Das Strafurteil stellt mithin einen tauglichen Beschwerdegegenstand dar.

3. Beschwerdebefugnis

Der Beschwerdeführer muss geltend machen, durch den Beschwerdegegenstand möglicherweise selbst, gegenwärtig und unmittelbar in einem seiner Grundrechte verletzt zu sein, Art. 93 I Nr. 4 a GG, § 90 I BVerfGG. Hier ist es nicht von vornherein ausgeschlossen und somit möglich, dass das Strafurteil den K in seinem Grundrecht aus Art. 5 III GG (Kunstfreiheit) verletzt. Als Adressat des Strafurteils ist K auch selbst, gegenwärtig und unmittelbar durch dieses betroffen. Daher ist K auch beschwerdebefugt.

4. Rechtswegerschöpfung und Subsidiarität

Gemäß § 90 II BVerfGG muss vor Erhebung der Verfassungsbeschwerde der **Rechtsweg ausgeschöpft** werden. Dies ist laut Sachverhalt erfolgt. Auch sonstige Möglichkeiten fachgerichtlichen Rechtsschutzes stehen nicht zur Verfügung.

5. Form und Frist

Die Einhaltung der Formerfordernisse des § 23 I BVerfGG (schriftlich und begründet) wird unterstellt. Ferner wird davon ausgegangen, dass die 1-Monatsfrist, die § 93 I 1 BVerfGG für die Urteilsverfassungsbeschwerde festlegt, beachtet worden ist.

6. Ergebnis der Zulässigkeitsprüfung

Die Verfassungsbeschwerde des K ist **zulässig**. Von einer Annahme zur Entscheidung gemäß § 93a BVerfGG ist auszugehen.

B. Begründetheit

Die Verfassungsbeschwerde des K müsste außerdem begründet sein. Dies ist der Fall, wenn K durch das Strafurteil **tatsächlich** in seinen Grundrechten **verletzt** worden ist.

I. Art. 5 III Kunstfreiheit

In Frage kommt zunächst eine Verletzung der Kunstfreiheit des K aus Art. 5 III GG.

1. Schutzbereich

Zunächst müsste der Schutzbereich der Kunstfreiheit, Art. 5 III GG, eröffnet sein. Der Schutzbereich des Art. 5 III GG verbürgt die Freiheit, sich künstlerisch zu betätigen. Die Vorschrift schützt vor Einwirkung der öffentlichen Gewalt auf Inhalt, Methoden und Tendenzen künstlerischer Tätigkeit

(Schutz vor einem staatlichen Kunstrichtertum).[143] Geschützt ist daher zunächst der sog. **Werkbereich**. Darüber hinaus schützt die Kunstfreiheit aber auch die Darbietung und Verbreitung der Kunstwerke an Dritte, den sogenannten **Wirkbereich**.[144]

Schwierigkeiten bereitet jedoch die Definition des Kunstbegriffs in Art. 5 III GG.[145] Nach dem **materialen Kunstbegriff** wird Kunst definiert als *freie schöpferische Gestaltung*, in der Eindrücke und Erlebnisse des Künstlers durch das Medium einer bestimmten Formensprache unmittelbar zur Geltung gebracht werden. Nach dem **formalen Kunstbegriff** sind solche Werke Kunst, die bestimmten *Werktypen* wie Theater, Gesang, Dichtung, Malerei, Bildhauerei etc. zugeordnet werden können. Schließlich wird noch der sog. **offene Kunstbegriff** vertreten. Das kennzeichnende Merkmal einer künstlerischen Äußerung bestehe darin, dass es wegen der Mannigfaltigkeit des Aussagegehaltes möglich sei, der Darstellung im Wege einer fortgesetzten *Interpretation* immer weitreichendere Bedeutungen zu entnehmen, so dass sich eine praktisch unerschöpfliche, vielstufige Informationsvermittlung ergebe.[146]

Hinweis: Den materialen, formalen und offenen Kunstbegriff sollten Sie vom Begriff und Inhalt her kennen und im Zusammenhang mit der Kunstfreiheit aus Art. 5 III GG nennen.

Angesichts der Verschiedenheit der Kunstbegriffe und der Schwierigkeit, eine verfassungsrechtlich überzeugende Definition für den Kunstbegriff des Art. 5 III GG zu finden, besteht Einigkeit darüber, dass die Gewährleistung der Kunstfreiheit offen verstanden werden muss und auch ungewöhnliche Ausdrucksformen umfassen muss, wie z.B. Happenings, satirische Aufkleber, pornografische Provokationen

---

[143] *Jarass/ Pieroth*, Art. 5 GG Rn 106.
[144] *Epping*, Grundrechte Rn 260; *Hufen*, Staatsrecht II, § 33 Rn 12.
[145] Ausführlich *Hufen*, Staatsrecht II, § 33 Rn 4 ff.
[146] Vgl. hinsichtlich der Definition von Kunst auch *Pieroth/Schlink*, Grundrechte Rn 610 ff., *Epping*, Grundrechte Rn 262, *Schmidt*, Grundrechte Rn 508.

und eben auch Sprühbilder (Graffiti).[147] Nur so kann auch ein **staatliches „Kunstrichtertum"** ausgeschlossen werden.[148]

Obgleich die Sprühbilder des K von Teilen der Göttinger Bevölkerung als „Schmierereien" angesehen werden, **unterfallen sie** somit dennoch **dem** weit zu verstehenden **Kunstbegriff** des Art. 5 III GG. Dies bedeutet allerdings noch nicht automatisch, dass der Schutzbereich des Art. 5 III GG dem K auch die Freiheit gewährt, die von ihm entworfenen Graffiti ohne Einwilligung auf fremde Häuser zu sprühen und damit die Eigentumsrechte anderer eigenmächtig zu verletzen. Dies wäre nur dann anzunehmen, wenn der Schutzbereich des Art. 5 III GG grundsätzlich auch die sog. **unfriedliche Kunst**, also die künstlerische Betätigung, die gleich-zeitig Rechte andere verletzt, schützen würde.

Teilweise wird in diesem Zusammenhang vertreten, dass sich der sachliche Schutzbereich der Kunstfreiheit von vornherein nicht auf die Inanspruchnahme oder Beeinträchtigung fremden Eigentums zum Zwecke der künstlerischen Entfaltung erstrecke. Gleiches gelte für die Beeinträchtigung fremden Leib und Lebens, fremder Ehre und der Freiheit.[149]

Gegen diese Auffassung spricht allerdings, dass anders als bei Art. 8 I GG eine Schutzbereichsbegrenzung hinsichtlich „unfriedlicher" Kunst nicht stattgefunden hat. Hätte der Verfassungsgeber gewollt, dass die Kunst, die das Eigentum, die Freiheit und die körperliche Integrität anderer verletzt, vom Schutzbereich des Art. 5 III GG nicht erfasst wird, hätte er ähnlich wie bei Art. 8 I GG eine entsprechende begrenzende Formulierung in den Verfassungstext eingefügt.[150]

Gegen die Herausnahme der „unfriedlichen" Kunst aus dem Schutzbereich der Kunstfreiheit und für die Annahmen eines weiten Schutzbereiches sprechen zudem **grundrechtsdog-**

---

[147] *Pieroth/Schlink*, Grundrechte Rn 613.
[148] *Jarass/Pieroth*, Art. 5 GG Rn 106.
[149] BVerfG NJW 1984, 1293, 1294; vgl. *Pieroth/Schlink*, Grundrechte Rn 616.
[150] *Schmidt*, Grundrechte Rn 512 f.

matische Gründe. Auszugehen ist nämlich von einem den Grundrechten zugrunde liegenden Konzept „natürlicher" Freiheit, da nur nach einem solchen Konzept eine vorschnelle Ausblendung von Grundrechten vermieden wird[151] und nur so der Weg zu einer substantiellen, am Verhältnismäßigkeitsgrundsatz orientierten Argumentation, einschließlich einer Güterabwägung eröffnet ist. Der Gefahr der Verdrängung einer grundrechtlichen Argumentation durch eine einfachrechtliche Argumentation wird so begegnet.[152]

Generell und somit auch bei Art. 5 III GG darf daher der sachliche Gewährleistungsgehalt eines Grundrechts nicht von den Schranken her interpretiert werden.[153] Als Zwischenergebnis ist somit festzuhalten, dass der **Schutzbereich der Kunstfreiheit weit auszulegen** ist und daher auch künstlerische Aktivitäten erfasst, die Rechte anderer verletzen. Der Schutzbereich des Art. 5 III GG ist somit in diesem Fall zugunsten des K eröffnet.

Hinweis: Auch wenn nach der hier vertretenen Auffassung das Besprühen fremder Häuser mit Graffiti in den Schutzbereich der Kunstfreiheit fällt, heißt dies noch lange nicht, dass ein solches Verhalten auch als erlaubt anzusehen ist. Ein weites Schutzbereichsverständnis statuiert kein „Recht" auf Besprühen fremder Häuser, sondern stellt ein staatliches Verbot und dessen Durchsetzung lediglich unter einen Begründungs- und Rechtfertigungszwang. Es verpflichtet zudem den Staat, bestimmte formell und materiell korrekte Rechtsgrundlagen zu schaffen, mögen diese noch so selbstverständlich sein, wie etwa das strafbewährte Verbot, fremdes Eigentum zu beschädigen.[154]

---

2. Eingriff

Es müsste ferner ein Eingriff in den Schutzbereich der Kunstfreiheit vorliegen. Als Eingriff ist jedes staatliches Handeln anzusehen, das dem Einzelnen ein Verhalten, das in den Schutzbereich eines Grundrechts fällt, ganz oder teil-

---

[151] *Dreier*, in: Dreier, GG, Vorb. Rn 120. Siehe auch *Hufen*, Staatsrecht II, § 33 Rn 15 ff.
[152] Vgl. *Alexy*, Theorie der Grundrechte, S. 296.
[153] Vgl. *Dreier*, in: ders. GG, Vorb. Rn 120.
[154] *Dreier*, in: ders. GG Kommentar, Vorb. Rn 120.

weise unmöglich macht oder zumindest wesentlich erschwert. Das gegen K erlassene Strafurteil hat zumindest auch die Funktion, diesen davon abzuhalten, zukünftig weiterhin fremde Gebäude mit seinen Bildern zu besprühen. Mithin stellt es **einen Eingriff in die Kunstfreiheit** dar.

3. Verfassungsrechtliche Rechtfertigung

Dieser Eingriff könnte jedoch verfassungsrechtlich gerechtfertigt sein. Allerdings ist dem Grundrecht der Kunstfreiheit kein Gesetzesvorbehalt beigefügt. Bei Art. 5 III GG handelt es sich um ein **vorbehaltlos gewährtes** Grundrecht. Fraglich ist daher, ob ein Verhalten, das vom Gewährleistungsbereich der Kunstfreiheit erfasst ist, überhaupt eingeschränkt werden kann.

Von einer Mindermeinung in der Literatur wurde in der Vergangenheit hinsichtlich dieser Frage die Auffassung vertreten, dass auf die vorbehaltlos gewährleisteten Grundrechte, die Schranken anderer Grundrechte zu übertragen seien. Art. 5 III unterliege daher den Schranken von Art. 5 II GG bzw. der Schrankentrias des Art. 2 I HS 2 GG.[155] Eine solche Schrankenübertragung ist jedoch abzulehnen, da sie der Bedeutung spezieller Grundrechtsverbürgung und der Spezialität im Recht nicht gerecht wird.[156]

Überzeugender ist hingegen die heute ganz herrschende Auffassung, dass sich die grundsätzliche Beschränkungsmöglichkeit für die vorbehaltlos gewährten Grundrechte aus dem Grundsatz der Einheit der Verfassung ergibt.[157] Die vorbehaltlosen Grundrechte finden demnach ihre Schranken im kollidierenden Verfassungsrecht (sog. **verfassungsimmanente Schranken**). Als kollidierendes Verfassungsrecht, welches einen Eingriff in den Schutzbereich eines vorbehaltlos gewährleisteten Grundrechts rechtfertigen vermag, kommen alle Rechtsgüter von Verfassungsrang, insbeson-

---

[155] Nachweise bei *Pieroth/Schlink*, Grundrechte, Rn 315 f.
[156] *Pieroth/Schlink*, Grundrechte, Rn 317.
[157] Vgl. etwa *Manssen*, Staatsrecht II Rn 150.

dere die **Grundrechte Dritter** in Betracht.[158] Soweit andere Verfassungsgüter durch ein grundrechtlich geschütztes Verhalten beeinträchtigt werden, muss im Wege der *praktischen Konkordanz* ein Ausgleich zwischen dem Grundrecht und dem kollidierenden Verfassungsrecht gefunden werden.[159]

Voraussetzung für einen Eingriff in ein vorbehaltlos gewährleistetes Grundrecht ist jedoch auch hier, dass eine einfachgesetzliche, die verfassungsimmanente Schranke konkretisierende Eingriffsgrundlage existiert. Für einen Grundrechtseingriff durch ein Strafurteil ergibt sich dieses Erfordernis bereits aus Art. 103 II GG.

Hinweis: Das Erfordernis einer einfachgesetzlichen Rechtsgrundlage für einen Eingriff in ein vorbehaltlos gewährleistetes Grundrecht besteht aber auch dann, wenn der Eingriff nicht durch ein Strafurteil erfolgt und Art. 103 II GG nicht einschlägig ist. Denn wenn Eingriffe auch bei den Grundrechten möglich sein sollen, die das Grundgesetz nicht unter einen Gesetzesvorbehalt gestellt hat, dann darf ein solcher Eingriff jedenfalls nicht unter geringeren Voraussetzungen erfolgen als bei Grundrechten mit einem Gesetzesvorbehalt. Bei letzteren ergibt sich die Einschränkbarkeit schließlich bereits aus dem Grundrecht selbst und nicht erst aus dem Grundsatz der Einheit der Verfassung (Erst-Recht-Schluss).[160]

Als Zwischenergebnis ist somit festzuhalten, dass auch die vorbehaltlos gewährleisteten Grundrechte auf der Grundlage eines Gesetzes, welches verfassungsimmanente Schranken konkretisiert, eingeschränkt werden können. Der Eingriff in die Kunstfreiheit ist somit dann verfassungsrechtlich gerechtfertigt, wenn eine gesetzliche Eingriffsgrundlage besteht, diese verfassungsgemäß ist und von dieser auch verfassungsgemäß Gebrauch gemacht worden ist.

---

[158] Kompetenzbestimmungen (Art. 70 ff. GG) hingegen können als kollidierendes Verfassungsrecht Grundrechtseingriffe nicht rechtfertigen, weil es kein brauchbares Kriterium dafür gibt, welche Kompetenzbestimmungen einen materiellen Gehalt haben, vgl. *Manssen*, Staatsrecht II Rn 163.

[159] *Hesse,* Grundzüge des Verfassungsrechts, Rn 317.

[160] Vgl. *Pieroth/Schlink*, Grundrechte Rn 333.

a) Verfassungsgemäße gesetzliche Eingriffsgrundlage

Die gesetzliche Grundlage für den Erlass des Strafurteils ist § 303 I StGB. Dieser stellt die Sachbeschädigung unter Strafe. Anhaltspunkte dafür, dass § 303 I StGB nicht **formell verfassungsgemäß** sein könnte, liegen nicht vor.

§ 303 I StGB müsste zudem **materiell verfassungsgemäß** sein. Ein Verstoß gegen das strafrechtliche Bestimmtheitsgebot (Art. 103 II GG), das Verbot eines Einzelfallgesetzes (Art. 19 I 1 GG) oder die Wesensgehaltsgarantie ist nicht ersichtlich.

§ 303 I StGB müsste ferner dem Grundsatz der Verhältnismäßigkeit entsprechen, also ein legitimes Ziel verfolgen, geeignet, erforderlich und angemessen sein. Da Art. 5 III GG vorbehaltlos gewährt wird, dürfte § 303 I StGB nicht nur irgendein legitimes Ziel verfolgen, sondern die Vorschrift müsste zumindest auch Rechtsgüter von Verfassungsrang, **also kollidierendes Verfassungsrecht** schützen. § 303 I StGB bezweckt den Schutz fremder, also im Eigentum anderer stehender Sachen vor Beschädigung und Zerstörung.

Das Eigentum wird durch Art. 14 I GG geschützt; es handelt es sich um ein Rechtsgut von Verfassungsrang. § 303 I StGB verfolgt also den Zweck, kollidierendes Verfassungsrecht zu schützen.

Eine Strafvorschrift, die die Beschädigung fremder Sachen unter Strafe stellt, ist auch **geeignet** diese zu schützen. Fraglich ist allerdings, ob eine Strafvorschrift hierfür unbedingt **erforderlich** ist oder ob es nicht ein gleich wirksames aber weniger die Freiheit des Einzelnen einschränkendes Mittel gibt. Zu denken wäre in diesem Fall an einen ausschließlich durch zivilrechtliche Schadensersatzvorschriften gewährleisteten Eigentumsschutz. Zivilrechtliche Schadensersatzvorschriften haben aber nicht die gleiche abschreckende Wirkung wie eine Strafvorschrift und sind somit nicht gleich wirksam. Mithin ist der § 303 I StGB als Mittel auch erforderlich.

Ferner müsste der § 303 I StGB auch **angemessen** sein. Zweck und Mittel dürfen nicht außer Verhältnis stehen. Dies erfordert eine Gesamtabwägung der betroffenen Güter; in diesem Fall also insbesondere eine Abwägung zwischen der Kunstfreiheit, Art. 5 III GG, und dem kollidierenden Verfassungsgut „Eigentum", das durch Art. 14 I GG geschützt wird.

Die Kunstfreiheit wird **vorbehaltlos gewährt**, woran zu erkennen ist, dass das GG Eingriffe grundsätzlich nicht vorsieht, so dass diese eine Ausnahme bleiben müssen. In diesem Zusammenhang ist jedoch zu beachten, dass § 303 I StGB nur eine ganz bestimmte Art und Weise künstlerischer Betätigung unter Strafe stellt, nämlich die Tätigkeit, die mit der Beschädigung fremden Eigentums einhergeht. Kunst kann sich aber durchaus auch ohne die Beschädigung fremden Eigentums entfalten. § 303 I StGB hat daher nur einen geringen Einfluss auf die künstlerische Entscheidungsfreiheit hinsichtlich Inhalt, Methoden und Tendenzen und betrifft die Kunstfreiheit daher nicht in ihrem Kerngehalt, sondern nur am Rande.

Zudem darf nicht verkannt werden, dass das Eigentumsrecht gleichfalls verfassungsrechtlich garantiert ist und prinzipiell nicht hinter der Freiheit der Kunst zurücktritt. Die Beschädigung und Zerstörung fremden Eigentums sind - neben der dauerhaften Entziehung - zudem die schwersten Formen einer Beeinträchtigung fremden Eigentums. Daher ist es nicht unangemessen, dass § 303 I StGB die Kunstfreiheit hinter den Eigentumsschutz zurücktreten lässt. Die strafrechtlichen Vorschriften lassen zudem bei ihrer Auslegung und Anwendung noch einen hinreichenden Spielraum, um gegebenenfalls der Bedeutung und Tragweite der Kunstfreiheit im jeweiligen Einzelfall ausreichend gerecht zu werden. § 303 I StGB ist daher als Eingriffsgrundlage verfassungsgemäß.

b) Verfassungskonforme Anwendung

Der § 303 I StGB müsste ferner durch das Strafgericht auch **verfassungsgemäß ausgelegt und angewendet** worden sein. Eine Entscheidung, die gemessen am einfachen Recht objektiv fehlerhaft ist, stellt dabei noch keine verfassungswidrige Gesetzesanwendung dar; das Bundesverfassungsgericht ist keine Superrevisionsinstanz.[161]

Selbst wenn also der Tatbestand des § 303 I StGB, wie von K behauptet, in seinem Fall nicht erfüllt gewesen ist und insofern ein Rechtsanwendungsfehler der Strafgerichte vorliegt, kann diese Tatsache für sich alleine noch keinen Verfassungsverstoß begründen. Dieser einfachrechtlichen Frage ist daher nicht näher nachzugehen.

Zu prüfen ist vielmehr nur die **Verletzung „spezifischen Verfassungsrechts"**. Zu einer Verletzung spezifischen Verfassungsrechts kommt es bei der Anwendung eines Gesetzes dann, wenn das fachgerichtliche Auslegungsergebnis über die vom GG gezogenen Grenzen (etwa die Grenze der *Verhältnismäßigkeit*) hinausgeht[162] bzw. *Bedeutung und Tragweite der Grundrechte* verkannt werden.

Das gegen K erlassene Strafurteil müsste also insbesondere verhältnismäßig sein. Daran könnte gegebenenfalls deshalb gezweifelt werden, weil K außer durch das Besprühen fremder Häuser keine andere Möglichkeit gehabt hat, großen Teilen der Göttinger Bevölkerung seine Kunst nahe zu bringen. Allerdings ist bereits dem Gewährleistungsbereich des Art. 5 III GG (Kunstfreiheit) kein Anspruch darauf zu entnehmen, dass ein möglichst großer Teil der Bevölkerung die Kunst eines bestimmten Künstlers auch tatsächlich wahrnimmt, so dass dieses Argument nicht überzeugen kann. Ansonsten gibt es keine Hinweise für eine verfassungswidrige Anwendung des § 303 StGB. Auch der konkrete Einzelakt, das Urteil, ist somit **verfassungsgemäß**.

---

[161] Vgl. *Schlaich/Korioth*, Bundesverfassungsgericht Rn 283 ff.
[162] BverfGE 65, 317 (322).

4. Ergebnis

Der Eingriff in den Schutzbereich der Kunstfreiheit ist verfassungsrechtlich gerechtfertigt. Art. 5 III GG ist also nicht verletzt.

II. Ergebnis Begründetheit

Auch andere Grundrechtsverletzungen sind nicht ersichtlich Die Verfassungsbeschwerde ist somit nicht begründet.

C. Gesamtergebnis

Die Verfassungsbeschwerde des K ist zwar zulässig, aber nicht begründet und hat daher keine Aussicht auf Erfolg.

Fall 3: Demonstrationsverbot

Die politische Partei „Rechtsaußen" (R-Partei), gegen die ein Parteiverbotsverfahren vor dem Bundesverfassungsgericht anhängig ist, möchte am 13. Februar, dem Jahrestag des alliierten Bombenangriffs auf Dresden, in der Stadt D „gegen das Vergessen des alliierten Bombenterrors" demonstrieren.

Die R-Partei meldet daher Anfang Februar eine entsprechende Demonstration für den 13. Februar bei der für die Stadt D zuständigen Versammlungsbehörde an. Die Versammlungsbehörde erlässt daraufhin, gestützt auf § 15 I VersG, einen Bescheid, durch den die angemeldete Demonstration sowie alle gleichgelagerten Ersatzveranstaltungen verboten werden.

Zur Begründung trägt die Behörde vor, dass sie die R-Partei für politisch rechtsextrem halte. Aufgrund der historischen Erfahrungen sei jedoch jede staatliche Stelle verpflichtet, gegen rechtsextreme Parteien vorzugehen, da diese mit ihrem Gedankengut, die freiheitlich demokratische Grundordnung gefährdeten. Um Zustände wie gegen Ende der Weimarer Republik zu verhindern, könnten daher Demonstrationen rechtsextremer Parteien ohne weiteres verboten werden. Dies gelte erst recht, wenn bereits ein Verbotsverfahren vor dem Bundesverfassungsgericht laufe.

Zudem vermutet die Versammlungsbehörde, dass einzelne Teilnehmer der Versammlung Straftaten begehen könnten. Unfriedliche Demonstrationen seien aber durch das Grundgesetz nicht geschützt.

Die R-Partei beruft sich hingegen auf die ihr zukommende Versammlungsfreiheit des Grundgesetzes. Ferner macht sie geltend, dass das Verbotsverfahren vor dem Bundesverfassungsgericht noch nicht abgeschlossen und zudem völlig unbegründet sei.

Deshalb dürften ihr daraus auch keine Nachteile erwachsen. Die Rechtsbehelfe gegen die Entscheidung bleiben jedoch erfolglos.

Die R-Partei, die die Rechtsform des nichteingetragenen Vereins hat, wendet sich daraufhin an das Bundesverfassungsgericht in Karlsruhe.

Frage: Wird der Gang nach Karlsruhe erfolgreich sein?

§ 15 I VersG

Die zuständige Behörde kann die Versammlung oder den Aufzug verbieten oder von bestimmten Auflagen abhängig machen, wenn nach den zur Zeit des Erlasses der Verfügung erkennbaren Umständen die öffentliche Sicherheit oder Ordnung bei Durchführung der Versammlung oder des Aufzuges unmittelbar gefährdet ist.

Hinweis: Gehen Sie davon aus, dass in dem betroffenen Bundesland bisher kein eigenes Versammlungsgesetz besteht.

Lösung Fall 3: Demonstrationsverbot

Vorüberlegung: Zunächst müssen Sie die **gedankliche** Vorüberlegung anstellen, welches Verfahren hier zulässig sein könnte: Nach der Rechtsprechung des Bundesverfassungsgerichts sind die Parteien zwar keine Staatsorgane, ihnen kommt jedoch eine den übrigen Staatsorganen ähnliche Stellung zu. Deshalb sind die Parteien zur Wahrung ihrer Rechte aus Art. 21 GG auch im Rahmen eines Organstreitverfahrens parteifähig.[163] Insofern könnte zunächst an ein Organstreitverfahren gedacht werden. Erforderlich für ein solches Verfahren ist jedoch stets ein parteifähiger Antragsgegner. An einem solchen fehlt es hier allerdings, da weder die Versammlungsbehörde noch die Verwaltungsgerichte in einem Organstreitverfahren parteifähig sind, vgl. Art. 93 I Nr. 1 GG, § 63 BVerfGG. Ist ein Organstreitverfahren unzulässig, besteht für die politischen Parteien jedoch immer noch die Möglichkeit, Verfassungsbeschwerde zu erheben. Die Parteien sind nämlich als zwar staatsorganähnliche, aber dennoch gesellschaftliche Institutionen auch durch die Grundrechte geschützt, sofern diese ihrem Wesen nach auch auf Personenvereinigungen anwendbar sind.[164] Somit müssen Sie in diesem Fall die Zulässigkeit einer Verfassungsbeschwerde prüfen.

In Betracht kommt eine **Verfassungsbeschwerde** vor dem Bundesverfassungsgericht gemäß Art. 93 I Nr. 4a GG, §§ 13 Nr. 8a, 90 ff. BVerfGG. Diese hat Aussicht auf Erfolg, wenn sie zulässig und begründet ist.

A. Zulässigkeit

Die Verfassungsbeschwerde müsste zunächst zulässig sein.

1. Beschwerdeberechtigung

Die R-Partei müsste beschwerdeberechtigt sein. Gemäß Art. 93 I Nr. 4a GG, § 90 I BVerfGG kann „**jedermann**" Verfassungsbeschwerde erheben. Einzige Voraussetzung ist die Fähigkeit, Träger von Grundrechten zu sein. Diese Fähigkeit haben zunächst alle natürlichen Personen. Bei der Partei Rechtsaußen handelt es sich jedoch nicht um eine natürliche Person, sondern um eine **politische Partei** in der

---

[163] Vgl. *Sachs*, Verfassungsprozessrecht Rn 267 ff.

[164] Vgl. etwa *Maurer*, Die politischen Parteien im Prozeß, JuS 1992, 296, 298. Kritisch zuletzt hingegen *P. M. Huber* in: FS Bundesverfassungsgericht, Bd II S. 609 ff.

Rechtsform des nichteingetragenen Vereins. Zu klären ist somit, ob auch eine politische Partei Grundrechtsträger sein kann. Ihre Grundrechtsfähigkeit könnte sich aus Art. 19 III GG ergeben. Danach gelten die Grundrechte auch für inländische juristische Personen, sofern sie ihrem Wesen nach auf sie anwendbar sind.

Problematisch in diesem Fall ist allerdings, dass es sich bei der R-Partei um einen *nichteingetragenen Verein* und damit nicht um eine juristische Person im zivilrechtlichen Sinne handelt, sondern um eine Gesamthandsgemeinschaft. Der in Art. 19 III verwendete Begriff juristische Person ist jedoch **nicht im engen zivilrechtlichen Sinne** zu verstehen, sondern er ist weiter und erfasst alle Personenvereinigungen, sofern sie nach zivilrechtlichen Regeln Rechtspositionen innehaben bzw. Prozesse führen können.[165] Diese Voraussetzung wird von politischen Parteien erfüllt, vgl. § 3 PartG. Somit handelt es sich bei der R-Partei um eine juristische Person iSd Art. 19 III GG.

Das Grundrecht der Versammlungsfreiheit, auf das sich die R-Partei beruft, knüpft anders als die Menschwürde (Art 1 I GG), das Recht auf körperliche Unversehrtheit (Art. 2 II 1 GG) oder das Grundrecht auf Ehe und Familie (Art. 6 I GG) auch nicht an das „Menschsein" des Individuums an und ist daher dem Wesen nach auch auf juristische Personen anwendbar. **Die Partei Rechtsaußen ist somit beschwerdeberechtigt.**

2. Beschwerdegegenstand

Beschwerdegegenstand kann nach Art. 93 I Nr. 4a GG, § 90 I BVerfGG **jeder Akt der öffentlichen Gewalt** sein. Gemeint sind damit Maßnahmen der Gesetzgebung, der Verwaltung und der Rechtsprechung. Hier wendet sich die R-Partei gegen das Verbot der Versammlungsbehörde und gegen die das Verbot bestätigenden gerichtlichen Entscheidungen. Als Akte der Verwaltung bzw. der Rechtsprechung

---

[165] *Manssen*, Staatsrecht II Rn 71.

handelt es sich hierbei um taugliche Beschwerdegegenstände.

3. Beschwerdebefugnis

Der Beschwerdeführer muss ferner geltend machen können durch den Beschwerdegegenstand **möglicherweise selbst, gegenwärtig und unmittelbar** in seinen Grundrechten verletzt zu sein, Art. 93 I Nr. 4a GG, § 90 I BVerfGG. In diesem Fall ist es jedenfalls nicht ausgeschlossen, dass das Verbot der Versammlung und die bestätigenden gerichtlichen Entscheidungen das Grundrecht der R-Partei auf Versammlungsfreiheit verletzten. Dieses Verbot und die bestätigenden gerichtlichen Entscheidungen betreffen die Partei auch selbst, unmittelbar und gegenwärtig.

4. Rechtswegerschöpfung und Subsidiarität

Gemäß § 90 II BVerfGG ist zunächst der Rechtsweg auszuschöpfen. Dies ist laut Sachverhalt geschehen. Andere Rechtsschutzmöglichkeiten stehen ebenfalls nicht zur Verfügung. Der Grundsatz der Subsidiarität steht somit der Zulässigkeit der Verfassungsbeschwerde auch nicht entgegen.

5. Form und Frist

Die Einhaltung des Formerfordernisses aus § 23 BVerfGG (schriftlich und begründet) und der 1-Monatsfrist (§ 93 I 1 BVerfGG) wird unterstellt.

6. Ergebnis

Die Verfassungsbeschwerde der R-Partei ist **zulässig**. Von einer Annahme zur Entscheidung gemäß § 93 BVerfGG ist auszugehen.

B. Begründetheit

Die Verfassungsbeschwerde ist begründet, wenn die R-Partei tatsächlich in einem ihrer Grundrechte verletzt ist.

I. Art. 8 I GG

In Betracht kommt die Verletzung des Grundrechts auf Versammlungsfreiheit, Art. 8 I GG.

1. Schutzbereich

Zunächst müsste der **persönliche Schutzbereich** der Versammlungsfreiheit eröffnet sein. Art. 8 I GG ist ein sog. **Deutschengrundrecht**. Grundrechtsträger sind nur Deutsche. Für Personenvereinigungen wie die R-Partei bedeutet dies, dass Art. 8 I GG nur dann anwendbar ist, wenn die dahinter stehenden natürlichen Personen in ihrer Mehrheit Deutsche sind. Ansonsten käme es zu der widersprüchlichen Situation, dass Ausländer als natürliche Personen nicht grundrechtsfähig sind, eine von ihnen gegründete juristische Person hingegen schon.[166] Mangels anders lautender Sachverhaltsangaben kann hier jedoch davon ausgegangen werden, dass es sich bei den Parteimitgliedern der R-Partei um Deutsche handelt. Der persönliche Schutzbereich des Art. 8 I GG ist somit eröffnet.

Ferner müsste die angemeldete Demonstration der R-Partei auch in den **sachlichen Schutzbereich** des Art. 8 I GG fallen. Eine Versammlung iSd Art. 8 I GG ist die **örtliche Zusammenkunft mehrerer Personen zur gemeinschaftlichen, auf die Teilhabe an der öffentlichen Meinungsbildung gerichteten Erörterung oder Kundgebung.**[167] Die angemeldete Demonstration der R-Partei ist darauf gerichtet, gemeinschaftlich den alliierten Bombenangriff auf Dresden zu thematisieren und zu erörtern. Sie ist somit auf die Teilhabe an der öffentlichen Meinungsbildung gerichtet und somit eine Versammlung iSd Art. 8 I GG.

Hinweis: Schwerpunktmäßig unterhaltende und kommerzielle Veranstaltungen wie die Berliner „Love Parade" hat das BVerfG in einer jüngeren Entscheidung nicht als Versammlungen iSd Art. 8 I GG angesehen (BVerfG, NJW 2001, 2459 f.). Die „Fuckparade",

---

[166] Vgl. *Manssen*, Staatsrecht II Rn 72.
[167] BVerfGE 104, 92 (104). Siehe auch *Hufen*, Staatsrecht II, § 30 Rn 5 ff.

eine kommerzkritische Gegenveranstaltung zur Love Parade, hat das Bundesverwaltungsgericht hingegen jüngst als Versammlung anerkannt (BVerwG, Urteil vom 16. Mai 2007, Az. BVerwG 6 C 23.06). Siehe auch *Hufen*, Staatsrecht II, § 30 Rn 37.

Das durch Art. 8 I GG geschützte Verhalten ist **weit zu verstehen**. Art. 8 I GG gewährleistet die Freiheit, über den Ort, die Zeit und den Inhalt der Versammlung frei zu entscheiden. Auch vorbereitende Maßnahmen und das Recht, öffentliche Straßen und Plätze für die Versammlung zu nutzen, werden vom Schutzbereich des Art. 8 I GG erfasst.[168]

Allerdings erstreckt sich der sachliche Schutzbereich nur auf **friedliche, waffenlose Versammlungen**. Darauf, dass die Versammlungsteilnehmer Waffen mit sich führen könnten, weist im Sachverhalt jedoch auch nichts hin. Allerdings vermutet die Versammlungsbehörde, dass einzelne Demonstrationsteilnehmer Straftaten begehen könnten. Insofern erscheint es hier fraglich, ob es sich tatsächlich um eine friedliche Demonstration handelt. Friedlich ist eine Versammlung dann, wenn **sie insgesamt keinen gewalttätigen oder aufrührerischen Verlauf nimmt**.[169]

Die Unfriedlichkeit einzelner Versammlungsteilnehmer, die nicht von der Gesamtgruppe getragen wird, reicht hingegen nicht aus, um eine Demonstration insgesamt als gewalttätig zu qualifizieren. Zudem muss es konkrete Hinweise für die Unfriedlichkeit der Demonstration geben; eine nur pauschale Vermutung reicht nicht.[170]

In diesem Fall gibt es keine Anhaltspunkte dafür, dass die Demonstration in ihrer Gesamtheit gewalttätig sein und einen unfriedlichen Verlauf nehmen könnte. Die Annahme der Versammlungsbehörde, dass Straftaten begangen werden

---

[168] *Manssen*, Staatsrecht II Rn 500.
[169] *Pieroth/Schlink*, Grundrechte Rn 696 ff.; *Epping*, Grundrechte Rn 36 mit Hinweis auf BVerfGE 69, 315 (359 ff.). Merken Sie sich in diesem Zusammenhang das Schlagwort „**kollektive Unfriedlichkeit**".
[170] BVerfGE 69, 315 (359 ff.)

könnten, beruht lediglich auf einer pauschalen Vermutung, die sich zudem nur auf einzelne Demonstrationsteilnehmer bezieht. Von einer unfriedlichen Versammlung kann somit noch nicht ausgegangen werden. Der sachliche Schutzbereich des Art. 8 I GG ist daher eröffnet.

2. Eingriff

Ein Eingriff ist jede Maßnahme des Staates, die dem Einzelnen ein Verhalten, das in den Schutzbereich eines Grundrechts fällt, unmöglich macht oder erschwert.[171] Durch das Verbot der Demonstration und die das Verbot bestätigenden Entscheidungen der Verwaltungsgerichte wird der R-Partei die Durchführung der geplanten Versammlung und damit ein durch Art. 8 I geschütztes Verhalten unmöglich gemacht. Folglich ist ein **Eingriff** in den Schutzbereich des Art. 8 I GG **zu bejahen**.

3. Verfassungsrechtliche Rechtfertigung

Der Eingriff in die Versammlungsfreiheit könnte jedoch verfassungsrechtlich gerechtfertigt sein. Die Versammlungsfreiheit wird durch die **Schranke des Art. 8 II GG beschränkt**. Danach können Versammlungen unter freiem Himmel – um eine solche handelt es sich hier – durch oder aufgrund eines Gesetzes beschränkt werden. Verfassungsrechtlich gerechtfertigt ist das Versammlungsverbot somit dann, wenn es a) auf einer verfassungsgemäßen gesetzlichen Rechtsgrundlage beruht und wenn b) von dieser Rechtsgrundlage im hier zu untersuchenden Fall verfassungsgemäß Gebrauch gemacht worden ist.

a) Verfassungsmäßigkeit der Rechtsgrundlage

Gesetzliche Eingriffgrundlage ist in diesem Fall § 15 I VersG. Auf dessen Grundlage ist das Verbot ergangen. Zu prüfen ist also zunächst die Verfassungsmäßigkeit des § 15 I VersG.

---

[171] *Pieroth/Schlink*, Grundrechte Rn 240.

aa) Fomelle Verfassungsmäßigkeit

Der Bund hatte bis zur Föderalismusreform die konkurrierende Gesetzgebungskompetenz (Art. 74 I Nr. 3 GG). Nunmehr ist der Bereich des Versammlungsrechts indes au¯ die Länder übertragen worden.[172] Da laut Sachverhalt bisher von dem betroffenen Bundesland kein eigenes Versammlungsgesetz erlassen wurde, gilt das Bundesrecht zunächs¯ weiter fort (Art. 125a I GG).

Anhaltspunkte für einen Verstoß gegen die Vorschriften über das Gesetzgebungsverfahren oder hinsichtlich der Form (Art. 19 I 2 GG)[173] sind dem Sachverhalt nicht zu entnehmen. Von der formellen Verfassungsmäßigkeit des § 15 I VersG ist daher auszugehen.

bb) Materielle Verfassungsmäßigkeit

Das Gesetz müsste ferner materiell verfassungsgemäß sein. Fraglich ist zunächst, ob § 15 I VersG mit der Formulierung „öffentliche Sicherheit und Ordnung" nicht dem **Bestimmtheitsgebot** als Teil des Rechtsstaatsprinzips (Art. 20 III GG) widerspricht. Es handelt sich bei dieser Formulierung jedoch um einen im Sicherheitsrecht seit langem verwendeten unbestimmten Rechtsbegriff, der in der Rechtsprechung bereits eine hinreichende Konkretisierung erfahren hat, so dass er dem rechtsstaatlichen Bestimmtheitsgebot entspricht.[174]

Die Regelung des § 15 I VersG müsste ferner dem **Grundsatz der Verhältnismäßigkeit** entsprechen, also ein legitimes Ziel verfolgen, geeignet, erforderlich und angemessen sein. § 15 I VersG dient dem **legitimen Ziel**, die öffentliche Sicherheit und Ordnung zu schützen. Zur Verwirklichung

---

[172] Zur Neuordnung der Kompetenzen siehe *Thiele*, JA 2006, 741.

[173] **Hinweis**: Gemäß Art. 19 I S. 2 GG muss das Gesetz, das ein Grundrecht einschränkt, das Grundrecht unter Angabe des Artikels nennen. Diese Voraussetzung ist durch § 20 VersG erfüllt. Dies können Sie als Klausurbearbeiter jedoch nur wissen, wenn sie den kompletten Text des VersG zur Verfügung haben.

[174] *Degenhart*, Staatsrecht I Rn 350.

dieses Zieles sind die in § 15 I festgelegten Mittel „Versammlungsverbot" bzw. „Erteilung bestimmter Auflagen" auch geeignet.

§ 15 I VersG müsste ferner auch **erforderlich** sein. Es dürfte also kein weniger belastendes Mittel zur Verwirklichung des Zieles geben. Zu denken wäre hier an ein gezieltes Vorgehen der Polizei gegen die Personen der Versammlung, die die öffentliche Sicherheit und Ordnung stören. Gerade bei großen Menschenversammlungen ist es jedoch häufig schwierig, gezielt diejenigen Versammlungsteilnehmer auszumachen, von denen die Störung der öffentlichen Sicherheit und Ordnung ausgeht. Auch ein Vordringen zu diesen Personen wird bei größeren Versammlungen häufig schwierig sein. Daher ist die gleiche Effektivität dieses Mittels zu verneinen. Die Regelung des § 15 I VersG ist daher auch erforderlich.

§ 15 I VersG müsste ferner auch **angemessen**, also verhältnismäßig im engeren Sinne sein. Die Verhältnismäßigkeit im engeren Sinne verlangt die Herstellung praktischer Konkordanz zwischen den betroffenen Rechtsgütern. **Der Eingriff in die Grundrechte der Betroffenen darf nicht außer Verhältnis zu der Bedeutung des mit dem Eingriff verfolgten Zieles stehen.** Erforderlich ist somit eine Abwägung zwischen den betroffenen Rechtsgütern:

Geschütztes Interesse ist hier einerseits die öffentliche Sicherheit und Ordnung andererseits das Recht aus Art. 8 I GG, sich friedlich und ohne Waffen zu versammeln; ein Recht welches die Teilnahme am politischen Meinungs- und Willensbildungsprozess gewährleistet und damit zu den unentbehrlichen Funktionselementen eines demokratischen Gemeinwesens gehört.[175] Angesichts dieser besonderen demokratiestaatlichen Bedeutung der Versammlungsfreiheit wäre § 15 I VersG jedenfalls dann - mit Blick auf die fried-

---

[175] BVerfGE 69, 315 (353). Das Bundesverfassungsgericht verwendet auch die Formulierung: **„schlechthin konstituierend für die freiheitlich demokratische Grundordnung".**

lichen Demonstranten - unverhältnismäßig, wenn eine Versammlung bereits aufgrund einer anzunehmenden Unfriedlichkeit einzelner Versammlungsteilnehmer von der Versammlungsbehörde zwingend verboten werden müsste.

Eine entsprechende Handlungspflicht ist dem § 15 I VersG jedoch nicht zwingend zu entnehmen. Der § 15 I VersG nennt das Mittel „Verbot" nur neben dem weiteren Mittel „Erteilung bestimmter Auflagen". Zudem „kann" d e Behörde die erwähnten Mittel ergreifen, sie „muss" es aber nicht. Statt eines Verbots kann die Behörde bei Gefahren für die öffentliche Sicherheit und Ordnung auch gar keine Mittel ergreifen oder lediglich Auflagen erteilen. Somit lässt § 15 I VersG für die Anwendung im konkreten Einzelfall immer noch die Möglichkeit offen, die Vorschrift in einer Art und Weise auszulegen und anzuwenden, die der Bedeutung der Versammlungsfreiheit für das demokratische Gemeinwesen gerecht wird (**verfassungskonforme Auslegung**). Die Vorschrift ist daher mit dem Grundsatz der Verhältnismäßigkeit vereinbar. § 15 I VersG ist also auch materiell verfassungsgemäß.

cc) Ergebnis

§ 15 I VersG ist als Eingriffsgrundlage formell und materiell verfassungsgemäß.

b) Verfassungskonforme Anwendung

Die verfassungsmäßige Eingriffsgrundlage, § 15 I VersG, müsste ferner auch **verfassungsgemäß angewendet** worden sein. Hinsichtlich dieses Prüfungspunktes ist zu beachten, dass die Eingriffsmaßnahme nicht auf ihre einfachgesetzliche Rechtswidrigkeit hin überprüft wird. Das Bundesverfassungsgericht ist keine „Superrevisionsinstanz" und prüft daher nur die Verletzung „spezifischen Verfassungsrechts".[176] Zu einer Verletzung **spezifischen Verfassungsrechts** kommt es bei der Anwendung eines Gesetzes dann,

---

[176] Vgl. *Schlaich/Korioth*, Bundesverfassungsgericht Rn 283 ff.

84

wenn das fachgerichtliche Auslegungsergebnis, über die vom GG gezogenen Grenzen hinausgeht und insbesondere *Bedeutung und Tragweite* der Grundrechte verkannt werden.[177]

Zu prüfen ist daher, ob die Versammlungsbehörde und die Gerichte § 15 I VersG auch verfassungskonform, also unter Berücksichtigung der Bedeutung des Art. 8 I GG, ausgelegt haben.

Dem Art. 8 I GG kommt wie bereits erwähnt für die freiheitlich demokratische Grundordnung eine hohe Bedeutung zu. Die Versammlungsfreiheit gehört zu den unentbehrlichen Funktionselementen eines demokratischen Staates. Friedlichen Teilnehmern einer Versammlung muss der Schutz der Versammlungsfreiheit daher auch dann erhalten bleiben, wenn mit Ausschreitungen Einzelner oder einer Minderheit zu rechnen ist.[178]

§ 15 I VersG muss also dahingehend ausgelegt werden, dass eine Versammlung **nur bei einer unmittelbaren, aus erkennbaren Umständen herzuleitenden Gefahr für die öffentliche Sicherheit und Ordnung verboten werden darf**.[179] Insbesondere dann, wenn nicht zu befürchten ist, dass eine Demonstration im Ganzen einen unfriedlichen Verlauf nimmt oder der Veranstalter einen solchen Verlauf anstrebt oder billigt, sind an die Gefahrprognose besonders hohe Anforderungen zu stellen. Zudem sind vor einem Verbot alle sinnvoll anwendbaren Mittel auszuschöpfen, welche den friedlichen Demonstranten eine Grundrechtsverwirklichung ermöglichen.[180]

In diesem Sinne haben hier die Versammlungsbehörde und die Gerichte den § 15 I VersG jedoch nicht ausgelegt. Sie sind vielmehr davon ausgegangen, dass die Versammlung der R-Partei bereits deshalb (gestützt auf § 15 I VersG)

---

[177] BVerfGE 65, 317 (322).
[178] BVerfGE 69, 315 (359 ff.).
[179] BVerfGE 69, 315 (359 ff.).
[180] BVerfGE 69, 315 (359 ff.).

verboten werden durfte, weil die Vermutung bestand, dass es zu einzelnen Straftaten und hierdurch zu einer Gefährdung der öffentlichen Sicherheit kommen könnte. Andere Maßnahmen außer dem Verbot wurden zudem nicht erwogen. Insofern wurde § 15 I VersG durch die Versammlungsbehörde und die Gerichte nicht verfassungskonform ausgelegt und die Bedeutung des Art. 8 I GG bei der Gesetzesanwendung verkannt.

Zudem könnten die Versammlungsbehörde und die Gerichte bei der Anwendung des § 15 I VersG die **Sperrwirkung des Parteiprivilegs aus Art. 21 II 2 GG iVm Art. 21 I GG** verkannt haben und auch aus diesem Grund spezifisches Verfassungsrecht verletzt haben. Nach Art. 21 II 2 GG darf nur das Bundesverfassungsgericht über die Verfassungswidrigkeit einer Partei entscheiden und diese deshalb verbieten.

Nach allgemeiner Auffassung enthält Art. 21 II 2 iVm Art. 21 I GG nicht nur eine Zuständigkeitsregelung hinsichtlich des Verbotsverfahrens, sondern auch eine Privilegierung der politischen Parteien gegenüber sonstigen Vereinigungen (**sog. Parteienprivileg**).[181] Das Entscheidungsmonopol des Bundesverfassungsgerichts schließt ein administratives Einschreiten gegen den Bestand der politischen Parteien schlechthin aus, mögen sie sich gegenüber der freiheitlichen demokratischen Grundordnung noch so feindlich verhalten.

Die Partei kann zwar politisch bekämpft werden; in ihrer politischen Arbeit soll die Partei jedoch frei von jeder rechtlichen Behinderung sein.[182] Das Grundgesetz nimmt also die Gefahr, die in der Tätigkeit einer Partei bis zur Feststellung ihrer Verfassungswidrigkeit besteht, um der politischen Willensbildung wegen in Kauf.

In diesem Fall hat die Versammlungsbehörde jedoch das Versammlungsverbot auch damit begründet, dass die R-Partei mit ihrem Gedankengut gegen die freiheitlich-demo-

---

[181] BVerfG, NJW 2001, 2076 f.; vgl. auch *Degenhart*, Staatsrecht Rn 82 f.
[182] BVerfG, NJW 2001, 2076 f.

86

kratische Grundordnung verstieße und ihr deshalb die Möglichkeit genommen werde dürfe, zu demonstrieren. Somit wurde die R-Partei von Seiten der Verwaltung und der Gerichte in ihrer politischen Arbeit behindert, obgleich ihre Verfassungswidrigkeit von Seiten des BVerfG noch nicht festgestellt ist.

Daher haben Versammlungsbehörde und die Gerichte bei der Anwendung des Versammlungsgesetzes das Parteiprivileg des Art. 21 II 2 GG iVm Art. 21 I GG missachtet und auch insofern spezifisches Verfassungsrecht verletzt.

> **Hinweis**: Anders als im Organstreitverfahren können Sie den Verstoß gegen das Parteienprivileg nur inzident im Rahmen einer Grundrechtsprüfung ansprechen, da die Verletzung von Rechten aus Art. 21 GG keine Rechte sind, deren Verletzung mit einer Verfassungsbeschwerde gerügt werden können.

c) Zwischenergebnis

§ 15 I VersG ist zwar verfassungsgemäß, er ist jedoch in dem hier zu untersuchenden Einzelfall von der Versammlungsbehörde und den Gerichten **nicht verfassungsgemäß angewendet** und ausgelegt worden. Daher ist der Eingriff in den Schutzbereich des Art. 8 I GG auch nicht gerechtfertigt, so dass das Versammlungsverbot die R-Partei in ihrem Grundrecht auf Versammlungsfreiheit aus Art. 8 I GG verletzt.

4. Ergebnis Begründetheit

Die Verfassungsbeschwerde ist somit begründet.

C. Gesamtergebnis

Die Verfassungsbeschwerde der R-Partei ist zulässig und begründet und hat daher Aussicht auf Erfolg.[183]

---

[183] **Hinweis**: Kritisch zur liberalen Rechtsprechung des BVerfG im Hinblick auf Demonstrationen rechter Parteien *Hufen*, Staatsrecht II, § 30 Rn 38.

FALL 4: ZU VIELE APOTHEKEN?

In der Kleinstadt D gibt es bereits fünf Apotheken. Dennoch möchte auch der Apotheker A sein Glück versuchen. Er beantragt daher bei der zuständigen Behörde die Erlaubnis zum Betrieb einer Apotheke gemäß § 3 I Landesapothekengesetz (ApothekenG). Diese wird ihm jedoch nach wenigen Wochen verweigert.

Begründet wird die Ablehnung mit der Tatsache, dass die bestehenden fünf Apotheken bereits für eine ausreichende Versorgung der Bevölkerung mit Arzneimitteln sorgten. Für eine weitere sei daher die wirtschaftliche Grundlage nicht gesichert (§ 3 I lit. b) ApothekenG). Problematisch sei in solchen Fällen die Tatsache, dass wirtschaftlich gefährdete Apotheken leichter geneigt seien, apothekenpflichtige Arzneimittel abzugeben und generell – etwa bei der Abgabe von Opiaten – eine nicht gestattete Großzügigkeit an den Tag zu legen. Zudem müsse die Behörde dafür Sorge tragen, nicht zu viele Apotheken an einem Ort zuzulassen, um so eine Störung der geordneten Arzneiversorgung im gesamten Bundesgebiet zu verhindern.

A geht gegen die Ablehnung gerichtlich vor. Dabei gelingt es ihm, das Verwaltungsgericht, von der Verfassungswidrigkeit des § 3 zu überzeugen. Es könne schließlich angesichts der in Art. 12 I GG gewährleisteten Berufsfreiheit niemandem verboten werden, seinen Beruf frei zu wählen. Schließlich habe A durch erfolgreichen Abschluss seines Studiums bewiesen, dass er für den Betrieb einer Apotheke geeignet sei.

Hat eine Vorlage des Gerichts Aussicht auf Erfolg?

§ 3 ApothekenG

(1) Für eine neu zu errichtende Apotheke darf die Betriebserlaubnis nur erteilt werden, wenn
a) die Errichtung der Apotheke zur Sicherung der Versorgung der Bevölkerung mit Arzneimitteln im öffentlichen Interesse liegt und
b) anzunehmen ist, dass ihre wirtschaftliche Grundlage gesichert ist und durch sie die wirtschaftliche Grundlage der benachbarten Apotheken nicht soweit beeinträchtigt wird, dass die Voraussetzungen für einen ordnungsgemäßen Apothekenbetrieb nicht mehr gewährleistet sind.

LÖSUNG FALL 4: ZU VIELE APOTHEKEN?

Vorüberlegung: In diesem Fall geht es um eine konkrete Normenkontrolle gemäß Art. 100 GG. Die Frage der Vereinbarkeit des ApothekenG mit Art. 12 I GG ist also erneut prozessual eingekleidet. Ihre Lösung
orientiert sich damit an den zwei Teilen Zulässigkeit (A) und Begründetheit (B).

Das Gericht strebt eine Kontrolle des Apothekengesetzes
an. In Betracht kommt daher eine **konkrete Normenkontrolle**[184] gemäß Art. 100 I GG, §§ 13 Nr. 11, 80 ff. BVerfGG.
Eine solche Vorlage hat Aussicht auf Erfolg, wenn sie zulässig (A) und begründet (B) ist.

A. Zulässigkeit

I. Vorlageberechtigung

Vorlageberechtigt im Rahmen der konkreten Normenkontrolle sind **allein Gerichte**.[185] Ein solches Gericht ist jede
Spruchstelle, die, sachlich unabhängig, durch ein formell
gültiges Gesetz mit den Aufgaben eines Gerichts betraut ist
und auch als ein solches bezeichnet wird.[186] Hier handelt es
sich um ein **Verwaltungsgericht**. Dieses ist in der VwGO
mit Aufgaben eines Gerichts betraut und wird auch als Gericht bezeichnet. Es ist damit vorlageberechtigt.

II. Vorlagegegenstand

Zulässiger Vorlagegegenstand im Rahmen der konkreten
Normenkontrolle sind allein **formelle nachkonstitutionelle
Bundes- oder Landesgesetze**.[187] Im vorliegenden Fall han-
delt es sich um das (Landes-) Apothekengesetz. Dieses
stellt ein formelles nachkonstitutionelles Landesgesetz dar.
Es ist damit ein tauglicher Vorlagegegenstand.

---

[184] Lesen Sie zu dieser auch *Heun*, Normenkontrolle, in: Badura/Dreier, FS 50
Jahre BVerfG, 615 ff., *dens.*, AöR 122 (1997), 610 ff.

[185] Vgl. § 80 III BVerfGG.

[186] BVerfGE 6, 55 (63). Siehe auch *Hillgruber/Goos*, Verfassungsprozessrecht Rn
579. Zu dem anlogen Problem beim europarechtlichen Vorabentscheidungs-
verfahren siehe *Thiele*, Europäisches Prozessrecht, § 9 Rn 6 ff.

[187] *Sachs*, Verfassungsprozessrecht Rn 183; *Schlaich/Korioth*, Das Bundesverfassungsgericht Rn 141.

III. Überzeugung von der Verfassungswidrigkeit

Das vorlegende Gericht muss von der Verfassungswidrigkeit der vorgelegten Norm **überzeugt** sein, Art. 100 I GG. Damit genügen bloße Zweifel bzgl. der Vereinbarkeit mit dem GG nicht.[188] Laut Sachverhalt gelingt es dem A, das Verwaltungsgericht von der Verfassungswidrigkeit „zu überzeugen". Damit ist die genannte Voraussetzung erfüllt.

IV. Entscheidungserheblichkeit der Norm

Die Frage der Verfassungsmäßigkeit der vorgelegten Norm muss auch entscheidungserheblich sein. Dies ist nach der Rechtsprechung des BVerfG nur dann der Fall, wenn die Endentscheidung von der Gültigkeit des für verfassungswidrig gehaltenen Gesetzes abhängt.[189]

Hinweis: Die Feststellung der Entscheidungserheblichkeit dient der Entlastung des BVerfG[190] (**Subsidiarität der Verfassungsgerichtsbarkeit**). Daher muss das Gericht nötigenfalls zunächst Beweis erheben, wenn nur auf diese Weise die Frage der Entscheidungserheblichkeit eindeutig beantwortet werden kann (siehe auch § 80 II 1 BVerfGG).[191]

Im vorliegenden Fall begründet die Behörde die Ablehnung allein mit § 3 ApothekenG. Es ist nicht ersichtlich, dass der A auch sonstige Anforderungen, die für den Beruf des Apothekers notwendig sind (etwa Studium) nicht nachweisen kann. Daher müsste dem A, sofern § 3 ApothekenG verfassungswidrig sein sollte, eine Genehmigung erteilt werden. Die Norm ist daher entscheidungserheblich.

V. Form

Der Aussetzungs- und Vorlagebeschluss muss schriftlich erfolgen und begründet werden (§§ 23, 80 II 1 BVerfGG).

---

[188] *Sachs*, Verfassungsprozessrecht Rn 203.
[189] Siehe *Hillgruber/Goos*, Verfassungsprozessrecht Rn 601.
[190] BVerfGE 15, 211 (213).
[191] Siehe nur *Schlaich/Korioth*, Das Bundesverfassungsgericht Rn 148.

VI. Ergebnis

Eine konkrete Normenkontrolle ist zulässig.

B. Begründetheit

Die konkrete Normenkontrolle ist auch begründet, wenn § 3 I Apothekengesetz **tatsächlich** gegen das GG verstoßen sollte. Zu prüfen ist die formelle (I) und die materielle (II) Verfassungsmäßigkeit.

> **Hinweis**: Möglich wäre es auch an dieser Stelle sogleich einen Verstoß gegen Art. 12 I GG zu prüfen, wie man dies von der Begründetheitsprüfung bei der VB gewohnt ist, da der Fall offensichtlich auf Art. 12 I GG abzielt. Grds. wird bei der konkreten Normenkontrolle jedoch umfassend die formelle und materielle Verfassungsmäßigkeit überprüft. Diesem Aufbau wird auch hier gefolgt.

I. Formelle Verfassungsmäßigkeit

Das Gesetz müsste zunächst **formell verfassungsgemäß** sein. Hier handelt es sich um ein Landesgesetz, so dass das Gesetz kompetenzwidrig wäre, wenn dem Bund entweder eine ausschließliche Kompetenz zukäme oder er von einer konkurrierenden Kompetenz bereits Gebrauch gemacht hätte. Eine Bundeskompetenz könnte sich hier allein aus Art. 74 I Nr. 11 GG ergeben. Es handelt sich also um eine konkurrierende Bundeskompetenz. Da ein entsprechendes Bundesgesetz indes nicht ersichtlich ist, der Bund seine Kompetenz also (noch) nicht ausgeübt hat, liegt die Kompetenz weiterhin bei den Ländern.

Auch bzgl. des Verfahrens und der Form bestehen keine Hinweise auf eine Verfassungswidrigkeit. Das Zitiergebot des Art. 19 I 2 GG gilt für den Regelungsvorbehalt des Art. 12 I GG nicht.[192] Das Gesetz ist damit formell verfassungsgemäß.

---

[192] *Jarass/Pieroth*, Art. 19 GG Rn 4.

II. Materielle Verfassungsmäßigkeit

Das Gesetz müsste auch materiell verfassungsgemäß sein. In Betracht kommt hier ein Verstoß gegen Art. 12 I GG.

1. Schutzbereich des Art. 12 I GG

a) Persönlicher Schutzbereich

Art. 12 I GG ist ein sogenanntes "**Deutschengrundrecht**". In seinen persönlichen Schutzbereich fallen mithin allein Deutsche.[193] Da an dieser Stelle jedoch die generelle Verfassungsmäßigkeit des Gesetzes überprüft wird, kommt es auf die Staatsangehörigkeit des A nicht an. Entscheidend ist allein, dass auch Deutsche von dem Gesetz betroffen werden können.

b) Sachlicher Schutzbereich

Nach der Rechtsprechung des BVerfG stellt Art. 12 I GG ein **einheitliches Grundrecht der Berufsfreiheit** dar.[194] Geschützt wird daher neben der Berufswahl auch die Ausübung des entsprechenden Berufs.[195] Entscheidend ist damit, ob es sich bei der Tätigkeit als Apotheker um einen Beruf im Sinne des Art. 12 I GG handelt. Der Begriff des Berufes ist dabei weit auszulegen.[196] Er umfasst alle auf den Erwerb gerichtete **Tätigkeiten, die auf Dauer angelegt sind und der Schaffung oder Aufrechterhaltung einer Lebensgrundlage dienen**.[197] Unerheblich ist, ob es sich um eine selbständige oder eine unselbständige Tätigkeit handelt.

---

[193] Zu dem Problem wie mit EU-Bürgern zu verfahren ist, siehe bereits oben sowie *Manssen,* Staatsrecht II Rn 598; *Sodan/Ziekow*, Grundkurs Öffentliches Recht, § 23 Rn 7; *Sachs*, Verfassungsrecht II, A 6 Rn 18.
[194] BVerfGE 7, 377 (402); *Hufen*, Staatsrecht II, § 35 Rn 5.
[195] *Epping*, Grundrechte Rn 357.
[196] BVerfGE 7, 377 (397); Sehr übersichtlich *Hufen*, Staatsrecht II, § 35 Rn 6 ff.
[197] BVerfGE 102, 197 (212); NJW 2004, 2363; *Jarass/Pieroth*, Art. 12 GG Rn 4; *Sodan/Ziekow*, Grundkurs Öffentliches Recht, § 40 Rn 8.

> **Hinweis**: Es ist umstritten, inwieweit als weiteres Merkmal erforderlich ist, dass die Tätigkeit *nicht generell verboten* ist.[198] Eine solche Verengung des Schutzbereiches würde es jedoch dem einfachen Gesetzgeber gestatten, den Schutzbereich eines Grundrechts festzulegen, weshalb diese Ansicht abzulehnen ist.[199] Teilweise wird daher versucht den Schutzbereich jedenfalls insoweit zu begrenzen, als die Handlungen nicht offensichtlich sozial- oder gemeinschädlich sein dürfen. Auch dieses Kriterium ist wegen seiner Unbestimmtheit jedoch abzulehnen. Die Frage der Gemeinschädlichkeit kann flexibler im Bereich der Verhältnismäßigkeit bei der Frage der Rechtfertigung des Eingriffs behandelt werden.[200]

Die Tätigkeit als Apotheker ist auf Dauer angelegt und dient auch der Schaffung oder Erhaltung einer Lebensgrundlage. Sie stellt damit einen Beruf im Sinne des Art. 12 I GG dar. Damit ist der Schutzbereich des Art. 12 I GG auch in sachlicher Hinsicht eröffnet.

2. Eingriff in den Schutzbereich

In den Schutzbereich müsste ferner durch eine staatliche Maßnahme **eingegriffen** worden sein. Ein Eingriff ist immer dann gegeben, wenn eine staatliche Maßnahme eine Tätigkeit, die in den Schutzbereich eines Grundrechts fällt, erschwert oder verbietet.[201]

> **Hinweis**: Zu beachten ist an dieser Stelle, dass es sich um die „abstrakte" Prüfung eines Gesetzes handelt. Keinesfalls darf daher hier geprüft werden, inwieweit in die Berufsfreiheit des A eingegriffen wird. Vielmehr muss allein untersucht werden, ob das Gesetz hier generell einen Eingriff in die Berufsfreiheit jedes potenziell betroffenen Apothekers gestattet. Insoweit geht der Begriff „konkrete" Normenkontrolle fehl. Es handelt sich eigentlich um eine „abstrakte Normenkontrolle anlässlich eines konkreten Falles".

---

[198] Siehe *Pieroth/Schlink*, Staatsrecht II Rn 810; *Hufen*, Staatsrecht II, § 35 Rn 7 f.
[199] *Epping*, Grundrechte Rn 356.
[200] *Jarass/Pieroth*, Art. 12 GG Rn 7; *Kimms*, JuS 2001, 664 (665); *Epping*, Grundrechte Rn 336.
[201] Siehe auch *Sodan/Ziekow*, Grundkurs Öffentliches Recht, § 24 Rn 5 ff.

Zu prüfen ist daher, inwieweit das Gesetz einen Eingriff in die Berufsfreiheit potenziell betroffener Apotheker darstellt, indem es der Verwaltung bestimmte Handlungen gestattet. Im vorliegenden Fall wird die Verwaltung ermächtigt (gestützt auf § 3 I ApothekenG) eine Tätigkeit als Apotheker **vollständig zu untersagen**. Eine solche Untersagung stellt ein Verbot einer an sich geschützten Tätigkeit dar und ist daher als Eingriff zu qualifizieren.

> **Hinweis**: Teilweise wird bereits an dieser Stelle mit der „Drei-Stufen-Theorie" der Frage nachgegangen, auf welcher Stufe der Eingriff erfolgt. Zu beachten ist indes, dass die Stufe für die Frage, ob ein Eingriff vorliegt schlicht unerheblich ist. Zudem wird bei einem solchen Aufbau auch missachtet, dass es sich bei der genannten Theorie allein um eine besondere Ausprägung des Verhältnismäßigkeitsgrundsatzes handelt, die daher auch erst an dieser Stelle angesprochen werden sollte.[202]

3. Verfassungsrechtliche Rechtfertigung

Der Eingriff könnte indes verfassungsrechtlich gerechtfertigt sein.

a) Einschränkbarkeit des Art. 12 I GG

Gemäß Art. 12 I 2 GG kann die Berufsausübung durch oder aufgrund eines Gesetzes eingeschränkt werden. Der Wortlaut könnte insoweit darauf hindeuten, dass allein die Berufsausübung, nicht jedoch die Berufswahl unter einem Gesetzesvorbehalt steht. **Zu beachten ist jedoch, dass sich die Wahl und die Ausübung eines Berufes nicht eindeutig voneinander trennen lassen**. So wird einerseits durch die Ausübung eines Berufes stets auch dessen Wahl bestätigt. Andererseits betreffen Aspekte der Ausübung auch die Berufswahl, etwa wenn bestimmte Ausübungsregelungen die Berufswahl beeinflussen. Daher enthält Art. 12 I GG ein einheitliches Recht der Berufsfreiheit und der Re-

---

[202] Wie hier *Epping*, Grundrechte Rn 384. Anders *Kimms*, JuS 2001, 664 (667 Fn 60); *Pieroth/Schlink*, Staatsrecht II Rn 825; *Schmidt*, Grundrechte Rn 769.

gelungsvorbehalt des S. 2 erstreckt sich „dem Grunde nach" sowohl auf die Berufausübung als auch auf die Berufswahl.[203] Dabei ist jedoch im Rahmen der Rechtfertigung der im Wortlaut des Art. 12 I GG zum Ausdruck kommende **Wille der Verfassung** zu beachten, dass die Berufswahl grds. „frei" sein soll, die Berufsausübung jedoch geregelt werden darf.

Dem entspricht nur eine Auslegung, die annimmt, dass die Regelungsbefugnis die beiden „Phasen" nicht in gleicher sachlicher Intensität erfasst, dass der Gesetzgeber vielmehr umso stärker beschränkt ist, je mehr er in die Freiheit der Berufswahl eingreift.[204] Im Grundsatz besteht jedoch für alle Bereiche ein **einfacher Gesetzesvorbehalt.**

Hinweis: In diesen Ausführungen des BVerfG klingt bereits die „**Drei-Stufen-Theorie**" an, die es anschließend entwickelt. Es wird deutlich, dass das Gericht diese nicht einfach „erfindet", sondern aus dem **Willen der Verfassung** ableitet, die die Berufswahl dem Wortlaut nach stärker schützen will als die Berufsausübung.

Erforderlich ist damit, dass das Gesetz formell (b) und materiell (c) verfassungsgemäß ist.

b) Formelle Verfassungsmäßigkeit

Das Gesetz ist formell verfassungsgemäß (s.o.).

c) Materielle Verfassungsmäßigkeit

Das Gesetz muss auch materiell verfassungsgemäß sein. Dies setzt voraus, dass es a) verhältnismäßig ist und b) auch den sonstigen Anforderungen genügt.

---

[203] BVerfGE 7, 377 (402); *Manssen*, Staatsrecht II Rn 627; *Hufen*, Staatsrecht II, § 35 Rn 26 ff.
[204] BVerfGE 7, 377 (402).

aa) Verhältnismäßigkeit

(1) Legitimer Zweck und legitimes Mittel

Das Gesetz müsste einen legitimen Zweck mit einem legitimen Mittel verfolgen. Zweck des Gesetzes ist es, die **Gesundheit der Bevölkerung** zu schützen. Verhindert werden soll ein zu nachlässiger Umgang mit Arzneimitteln und Opiaten, die bei einem zu starken Konkurrenzkampf der Apotheken eintreten könnte. Dies stellt **einen legitimen Zweck** dar. Durch die Möglichkeit eines behördlichen Verbots wird auch **ein legitimes Mittel** verwandt.

> **Hinweis**: In Teilen der Literatur wird die Drei-Stufen-Theorie bereits bei der Frage des legitimen Zwecks erörtert.[205] Dieser Weg ist durchaus gangbar. Hier erfolgt die Erörterung jedoch erst im Rahmen der Erforderlichkeit des Gesetzes. Die Theorie wird hier das erste Mal relevant, da der Gesetzgeber stets die niedrigstmögliche Stufe wählen muss.

(2) Geeignetheit des Mittels

Das Mittel (Verbot) muss auch **geeignet** sein, den Zweck (Gesundheitsschutz) zu fördern. Hier wird man davon ausgehen müssen, dass eine Begrenzung der niedergelassenen Apotheken einen gewissen Einfluss auf die Menge der nicht verschreibungspflichtigen ausgegebenen Medikamente haben kann. Insoweit konnte der Gesetzgeber im Rahmen seines **Prognosespielraums** durchaus davon ausgehen, dass er hierdurch einem überflüssigen Verkauf apothekenpflichtiger Medikamente entgegenwirkt und dadurch die Gesundheit der Bevölkerung schützt.

(3) Erforderlichkeit

Die Regelung des Gesetzgebers muss zudem erforderlich sein, muss also bei mehreren gleich geeigneten Maßnahmen diejenige darstellen, die die geringste Eingriffsintensität bewirkt. An dieser Stelle ist auf den bereits erwähnten

---

[205] So etwa *Epping*, Grundrechte Rn 384.

„Willen der Verfassung" zurückzukommen. Diese unterscheidet bereits vom Wortlaut zwischen Regelungen der *Wahl* und der *Ausübung* und stellt für Regelungen der „freien" Wahl erhöhte Anforderungen auf.

Das BVerfG hat diese Überlegungen im Rahmen der **Drei-Stufen-Theorie** näher ausgestaltet. Danach werden drei Stufen unterschiedlicher Eingriffintensität unterschieden, für die unterschiedliche Rechtfertigungsanforderungen bestehen. Der Gesetzgeber muss Regelungen nach Art. 12 I GG dabei jeweils auf der Stufe vornehmen, die die geringste Eingriffsintensität aufweist. Er darf die nächste Stufe erst dann betreten, wenn mit hoher Wahrscheinlichkeit dargetan werden kann, dass die befürchteten Gefahren mit Mitteln der vorausgehenden Stufe nicht wirksam bekämpft werden können.[206] Auf der untersten Stufe stehen Regelungen zur **Berufsausübung**. Solche Regelungen sind bereits nach dem eindeutigen Wortlaut der Verfassung möglich und bedürfen zu ihrer Rechtfertigung lediglich **vernünftiger Gründe des Gemeinwohls**. Die nächste Stufe bilden **subjektive Zulassungsregelungen**. Dies sind Regelungen, die die Zulassung zu einem Beruf von bestimmten Eigenschaften des Grundrechtsträgers abhängig machen (etwa Alter, bestimmte Examina), die dieser beeinflussen kann. Diese sind nur zulässig **zum Schutz wichtiger Gemeinschaftsgüter**. Die höchste Eingriffsintensität schließlich weisen **objektive Zulassungsregelungen** auf. Dies sind Beschränkungen, die von den persönlichen Eigenschaften des Grundrechtsträgers unabhängig sind (etwa Begrenzung auf eine bestimmte Zahl).[207] Diese sind nur zulässig, sofern sie **zur Abwehr nachweisbarer oder doch höchstwahrscheinlicher schwerer Gefahren für ein überragend wichtiges Gemeinschaftsgut zwingend geboten** erscheinen.

Im vorliegenden Fall wird der Behörde **eine objektive Zulassungsbeschränkung ermöglicht**. Sie kann ohne Berücksichtigung der persönlichen Verhältnisse eines Apothe-

---

[206] BVerfGE 7, 377 (408).
[207] *Sachs*, Verfassungsrecht II, B 12 Rn 37.

kers dessen Niederlassung untersagen. Zu prüfen ist daher, ob nicht eine subjektive Zulassungsregelung (oder gar eine schlichte Ausübungsregelung) zur Erreichung des Zwecks ausgereicht hätte. Nach den Ausführungen des Gerichts darf der Gesetzgeber die **dritte Stufe erst dann betreten**, wenn nachgewiesen ist, dass die potenziellen Gefahren **nicht** auf der zweiten Stufe (die ja mit dem Erfordernis eines abgeschlossenen Hochschulstudiums bereits besteht) **ebenso wirksam** bekämpft werden können.

Ob diese Voraussetzung hier erfüllt ist, erscheint fraglich. Der Gesetzgeber begründet seine Regelung vor allem mit dem Erfordernis des Gesundheitsschutzes. Eine zu große Zahl an Apotheken könne zu einer zu großen Schwemme an Medikamenten führen, die die Gesundheit bedrohen könnten. Diesbezüglich ist aber darauf zu verweisen, dass auch in anderen europäischen Ländern, in denen eine Niederlassungsbegrenzung für Apotheker nicht besteht, solche Gefahren bisher nicht aufgetreten sind.[208]

Soweit es verschreibungspflichtige Medikamente betrifft, ist die Sorge ohnehin unbegründet, da diese Medikamente nur mit entsprechendem Rezept ausgegeben werden können. Insoweit ist nicht davon auszugehen, dass die Zulassung der Niederlassungsfreiheit die Berufsmoral angesichts des starken Konkurrenzdruckes allgemein so gefährden wird, wenn auch eventuell eine gewisse Versuchung bestehen mag, in einer solchen Situation Vorschriften zu umgehen, die sich auf den Umsatz hemmend auswirken.[209]

Es ist im Übrigen nicht ersichtlich, wie die Zulassung weiterer Apotheken generell zu **einer Störung der geordneten Arzneiversorgung** im Bundesgebiet beitragen soll. Vielmehr steht zu erwarten, dass die freie Zulassung der Apotheken zu einer gleichmäßigen Verteilung führt, die sich nach der Nachfrage richtet, wie dies auch grds. in allen an-

---

[208] So ausdrücklich das BVerfG in E 7, 377 (415).
[209] BVerfGE 7, 377 (428).

98

deren Wirtschaftsbereichen der Fall ist. Der Gesetzgeber kann daher im Ergebnis nicht nachweisen, dass eine Regelung der dritten Stufe für die genannten Zwecke zwingend geboten erscheint.

Es gelingt ihm nicht, die schweren Gefahren nachzuweisen, die für die Gesundheit bestehen, wenn auf eine objektive Zulassungsbeschränkung verzichtet wird. Damit ist die Regelung des § 3 ApothekenG nicht als erforderlich anzusehen.

Der Eingriff in Art. 12 I GG kann damit **nicht gerechtfertigt** werden.

Hinweis: Es wäre in einer Klausur wohl auch vertretbar gewesen, an dieser Stelle die Erforderlichkeit zu bejahen und anschließend im Rahmen der Angemessenheit die hier aufgeworfenen Fragen zu diskutieren. Wiedergegeben ist hier aber im Wesentlichen die Ansicht des BVerfG in seinem „Apotheken-Urteil", E 7, 377.

---

4. Ergebnis zu Art. 12 I GG

Die Regelung des § 3 ApothekenG verstößt gegen Art. 12 I GG. Eine Prüfung des Art. 2 I GG kommt wegen des eröffneten Schutzbereiches bei Art. 12 I GG nicht in Betracht.

IV. Ergebnis zur materiellen Verfassungsmäßigkeit

Das Gesetz ist materiell verfassungswidrig.

C. Gesamtergebnis

Die konkrete Normenkontrolle ist zulässig und wegen des Verstoßes gegen Art. 12 I GG auch begründet.

Fall 5: Die Prinzessin auf dem Titelblatt

Die niedersächsische Boulevardzeitung „Das Blatt", die von der B-GmbH verlegt wird, berichtet fast täglich über das glamouröse Geschehen an den Königshöfen Europas. Bei den Lesern des Blattes stößt diese seichte, unterhaltende, aber inhaltlich wenig tiefgründige Hofberichterstattung auch immer auf reges Interesse. Eines Tages veröffentlicht „Das Blatt" auf der Titelseite einen Artikel über die angeblich bevorstehende Hochzeit der Prinzessin C und die darauf bezogenen Vorbereitungen der Bewohner eines kleinen südfranzösischen Dorfes, in dem die Hochzeit stattfinden soll.

Die Prinzessin C ist mit ihrem „Singleleben" jedoch ganz zufrieden und hegt daher nach eigener Aussage auch keine Hochzeitsabsichten. Sie verlangt deshalb vom Verleger des „Blattes", der B-GmbH, den Abdruck einer Gegendarstellung. Diese soll ebenfalls auf der Titelseite mit gleicher Schrift und unter Hervorhebung des Wortes „Gegendarstellung" in der nächsten für den Druck noch nicht abgeschlossenen Ausgabe des Blattes erscheinen.

Als die B-GmbH dieser Aufforderung nicht nachkommt, wendet sich die C an das zuständige Landgericht. Gestützt auf den presserechtlichen Gegendarstellungsanspruch aus § 11 NdsPresseG ordnet dieses daraufhin an, dass die B-GmbH eine Gegendarstellung auf der Titelseite des Blattes in der geforderten Form abzudrucken habe. Die B-GmbH hält diese Entscheidung jedoch für grob verfassungswidrig. Ihre publizistischen Aktivitäten seien schließlich durch die grundrechtlich gewährleistete Pressefreiheit geschützt. Schon deshalb könne ein Gericht nicht bestimmen, wie die künftigen Titelseiten des „Blattes" auszusehen hätten. Ob, wann und wo die B-GmbH eine Gegendarstellung abdrucke, liege deshalb ganz allein in ihrem Ermessen.

Gegen die Entscheidung des Landgerichts legt die B-GmbH daher Rechtsmittel ein. Diese bleiben jedoch ohne Erfolg. Nach Erschöpfung des zivilprozessualen Rechtsweges erhebt die B-GmbH schließlich gegen die letztinstanzliche Entscheidung Verfassungsbeschwerde wegen Verletzung ihrer durch Art. 5 I 2 GG gewährleisteten Pressefreiheit. Die C ist davon überzeugt, dass auch die Verfassungsbeschwerde erfolglos bleiben wird; schließlich schütze die Pressefreiheit nur die qualitativ hochwertige Presse, nicht hingegen die Boulevardpresse, die außer „glamourösen Lügenmärchen" nichts für den öffentlichen Meinungsbildungsprozess beitragen könne.

Frage: Hat die Verfassungsbeschwerde Aussicht auf Erfolg?

§ 11 NdsPresseG

(1) Der verantwortliche Redakteur und der Verleger eines periodischen Druckwerks sind verpflichtet, eine Gegendarstellung der Person oder Stelle zum Abdruck zu bringen, die durch eine in dem Druckwerk aufgestellte Tatsachenbehauptung betroffen ist [...]

(3) Die Gegendarstellung muss in der vom Zugang der Einsendung folgenden, für den Druck nicht abgeschlossenen Nummer in dem gleichen Teil des Druckwerks und mit gleicher Schrift wie der beanstandete Text ohne Einschaltungen und Weglassungen abgedruckt werden; [...]

(4) Ist der Gegendarstellungsanspruch vergeblich geltend gemacht worden, so ist für seine Durchsetzung der ordentliche Rechtsweg gegeben. Auf Antrag des Betroffenen kann das Gericht anordnen, dass der verantwortliche Redakteur und Verleger in der Form des Absatzes 3 eine Gegendarstellung veröffentlicht. [...]

Lösung Fall 5: Die Prinzessin auf dem Titelblatt

Zu beurteilen sind die Erfolgsaussichten einer **Verfassungs-beschwerde** vor dem Bundesverfassungsgericht gemäß Art. 93 I Nr. 4a GG, §§ 13 Nr. 8a, 90 ff. BVerfGG. Die Verfassungsbeschwerde hat Aussicht auf Erfolg, wenn sie zulässig und begründet ist.

A. Zulässigkeit

I. Beschwerdeberechtigung

Die B-GmbH müsste beschwerdeberechtigt sein. Gemäß Art. 93 I Nr. 4a GG, § 90 I BVerfGG ist grundsätzlich **jedermann** beschwerdeberechtigt. Voraussetzung ist allein die Fähigkeit, Träger von Grundrechten zu sein. Umfasst von dem Begriff jedermann sind daher zunächst alle natürlichen Personen. In diesem Fall hat jedoch keine natürliche Person, sondern eine juristische Person Verfassungsbeschwerde erhoben. Auch für juristische Personen gilt jedoch der Grundsatz, dass sie beschwerdeberechtigt sind, sofern sie grundrechtsfähig sind.

Die Grundrechtsfähigkeit wiederum richtet sich **nach Art. 19 III GG**. Danach können sich inländische juristische Personen auf diejenigen Grundrechte berufen, die ihrem Wesen nach auf sie anwendbar sind. Insgesamt wird diese Bestimmung weit interpretiert.[210] Nicht auf juristische Personen anwendbar sind daher nur solche Grundrechte, die an das „Menschsein" des Individuums anknüpfen wie etwa die Menschenwürde (Art. 1 I GG), die körperliche Unversehrtheit (Art. 2 II 1 GG), die Ehe oder die Familie (Art. 6 I GG).[211]

In diesem Fall beruft sich die B-GmbH, eine inländische juristische Person iSd Art. 19 III GG, auf die **Pressefreiheit des Art. 5 I 2 GG**. Die Pressefreiheit knüpft nicht an das Menschsein des Individuums an und ist ihrem Wesen nach

---

[210] *Manssen*, Staatsrecht II Rn 73.
[211] *Manssen*, Staatsrecht II Rn 73.

daher auch auf juristische Personen anwendbar. Die B-GmbH ist somit beschwerdeberechtigt.

II. Beschwerdegegenstand

Beschwerdegegenstand kann nach Art. 93 I Nr. 4a GG, § 90 I BVerfGG **jeder Akt der öffentlichen Gewalt** sein. Akte der öffentlichen Gewalt sind Maßnahmen der Gesetzgebung, der Verwaltung und der Rechtsprechung. Hier richtet sich die Verfassungsbeschwerde gegen das letztinstanzliche zivilgerichtliche Urteil und damit gegen einen Akt der öffentlichen Gewalt.

Hinweis: Die B-GmbH hätte nicht nur die letztinstanzliche Entscheidung angreifen können, sondern bereits die Druckanordnung des Landgerichts und die übrigen gerichtlichen Entscheidungen, die die Druckanordnung aufrechterhalten haben. In diesem Fall hätte es mehrere Beschwerdegegenstände gegeben. Am Prüfungsaufbau hätte dies aber ansonsten nichts geändert.

III. Beschwerdebefugnis

Die B-GmbH müsste ferner beschwerdebefugt sein. Das heißt, sie muss geltend machen können, durch den Beschwerdegegenstand möglicherweise in einem ihrer Grundrechte selbst, gegenwärtig und unmittelbar verletzt zu sein, vgl. Art. 93 I Nr. 4a GG, § 90 I BVerfGG. Hier macht die B-GmbH geltend, durch das letztinstanzliche Urteil in ihrem Grundrecht auf Pressefreiheit aus Art. 5 I 2 GG verletzt worden zu sein.

Problematisch in diesem Zusammenhang ist nun allerdings, dass der Anspruch auf Abdruck einer Gegendarstellung **zivilrechtlicher Natur** ist.[212] Die beanstandete letztinstanzliche Entscheidung betraf also nicht ein Staats-Bürger-Verhältnis, sondern ausschließlich die Rechtsbeziehung zwischen der C und der B-GmbH, also zwischen **zwei Privatrechtssubjekten**.

---

[212] *Sedelmeier*, in: Löffler (Hrsg.), Presserecht, § 11 Rn 44.

Adressat der Grundrechte sind dem Wortlaut des Art. 1 III GG zufolge jedoch nicht die Staatsbürger, sondern die drei Staatsgewalten. Die Grundrechte entfalten also ihre Rechtswirkung zunächst einmal nur im (vertikalen) Verhältnis des Staates zu seinen Bürgern. Es stellt sich daher die Frage, ob Grundrechte überhaupt durch ein Urteil verletzt sein können, welches ausschließlich die Rechtsbeziehungen zwischen zwei Privatrechtssubjekten betrifft.

Dies wäre allerdings dann möglich, wenn die Grundrechte nicht nur im Staat-Bürger-Verhältnis, sondern zusätzlich auch noch im (horizontalen) Verhältnis der Staatsbürger untereinander Wirkung entfalten können und anwendbar sind. Es stellt sich daher das Problem der sogenannten **Drittwirkung der Grundrechte**.[213]

Hinweis: Das Problem der Drittwirkung der Grundrechte müssen Sie kennen und immer dann ansprechen, wenn es um die Verletzung von Grundrechten im Rahmen eines Rechtsverhältnisses geht, in dem sich nicht der Staat auf der einen und ein Bürger auf der anderen Seite gegenüberstehen, sondern in dem sich zwei Bürger gegenüber stehen. In einer Klausur müssen Sie also immer dann das Problem der Drittwirkung ansprechen, wenn in dem Klausursachverhalt gegen ein Urteil, das einen privatrechtlichen Streit entschieden hat, Verfassungsbeschwerde erhoben wird.

Tipp: Ist in einer Klausur nicht auf die Zulässigkeit, sondern nur auf die Begründetheit einer Verfassungsbeschwerde einzugehen, sprechen Sie das Problem der Drittwirkung von Grundrechten am besten am Anfang der Begründetheitsprüfung unter dem eigenständigen Gliederungspunkt „Prüfungsmaßstab" an. Dort können sie die Frage erörtern, ob die Grundrechte als Prüfungsmaßstab in Betracht kommen.

---

[213] Eine gute Darstellung dieses Problems finden Sie bei *Epping*, Grundrechte Fn 320 ff.

Nach allgemeiner Ansicht entfaltet zumindest der Art. 9 III 2 GG, der im Bereich des Arbeitslebens Koalitionsfreiheit gewährt, eine unmittelbare Wirkung zwischen den Staatsbürgern untereinander.[214] Dem Art. 9 III 2 GG kommt insofern eine *unmittelbare Drittwirkung* zu. Dementsprechend könnte erwogen werden, auch den anderen Grundrechten eine unmittelbare Drittwirkung zukommen zu lassen.

Hiergegen spricht jedoch zunächst die klassische Funktion der Grundrechte als subjektive Abwehrrechte gegen den Staat, ferner der Wortlaut des Art. 1 III GG und zudem der Ausnahmecharakter des Art. 9 III 2 GG, dessen Inhalt nicht verallgemeinerungsfähig ist.[215] Schließlich würde eine unmittelbare Drittwirkung permanente Grundrechtskollisionen zur Folge haben und die Privatautonomie sehr stark beschränken.[216] **Mit Ausnahme des Art. 9 III 2 GG entfalten die Grundrechte daher keine unmittelbare Drittwirkung.**[217]

Schon früh hat das Bundesverfassungsgericht jedoch erkannt, dass die Grundrechte nicht allein subjektive Abwehrrechte gegen Maßnahmen des Staates darstellen, sondern auch eine **objektive Wertordnung** beinhalten, die als verfassungsrechtliche Grundentscheidung in alle Rechtsbereiche und somit auch in die Bereiche des Privatrechts hineinwirkt.[218] Insbesondere über die zivilrechtlichen Generalklauseln wie z.B. § 138 BGB oder § 242 BGB können die Grundrechte daher eine Ausstrahlungswirkung auch in das Privatrecht hinein entfalten.[219] Den Grundrechten kommt daher zwar keine unmittelbare, aber zumindest eine **mittelbare Drittwirkung** zu.

---

214 *Jarass/Pieroth*, Art. 9 GG Rn 34 mit weiteren Nachweisen.
215 *Frotscher/Kramer*, JuS 2002, 862, 864.
216 *Frotscher/Kramer*, JuS 2002, 862, 864.
217 Etwa *Manssen*, Staatsrecht II Rn 112.
218 BVerfGE 7, 198 ff. (*Lüth*).
219 Die zivilrechtlichen Generalklauseln werden in diesem Zusammenhang auch als *Einbruchstellen* der Grundrechte in das Zivilrecht bezeichnet, vgl. *Pieroth/ Schlink*, Grundrechte Rn 181. *Hufen*, Staatsrecht II, § 7 Rn 9 spricht von den „Einlasstoren".

Aufgrund dieser mittelbaren Drittwirkung können Grundrechte daher auch dann verletzt sein, wenn ein Gericht, das über einen privatrechtlichen Streit entscheidet, bei der Auslegung des einfachen Rechts grundrechtliche Wertvorgaben nicht hinreichend beachtet hat.[220] Die Zivilgerichte müssen daher bei der Auslegung und Anwendung der zivilrechtlichen Normen *Bedeutung und Tragweite* der von der Entscheidung berührten Grundrechte ausreichend berücksichtigen.[221]

Hinweis: Manche Stimmen in der Literatur (vor allem Schwabe[222]) halten den Komplex „mittelbare Drittwirkung" für ein Scheinproblem; denn der Staat, der durch rechtliche Regelungen, richterliche Entscheidungen und ggf. hoheitliche Vollstreckung die Privatrechtsbeziehungen gestalte, sei wegen Art. 1 III GG stets an die Grundrechte gebunden. Die Lehre von der mittelbaren Drittwirkung sei daher gegenstandslos.[223] In einer Hausarbeit, sollten Sie sich intensiver mit dieser Auffassung auseinandersetzen. In einer Klausur wird Ihnen hierzu wohl meist die Zeit fehlen, so dass sie den Fall mit der Lehre von der mittelbaren Drittwirkung lösen sollten und ggf. am Rande erwähnen können, dass Schwabe mit einem anderen Ansatz zum gleichen Ergebnis kommt.

In diesem Fall scheint es zumindest nicht ausgeschlossen und daher möglich, dass das Gericht bei der Anwendung des § 11 NdsPresseG, der den Anspruch auf Abdruck einer Gegendarstellung gewährt, das Grundrecht der Pressefreiheit (Art. 5 I 2 GG) nicht ausreichend berücksichtigt hat. Die B-GmbH ist zudem durch die letztinstanzliche gerichtliche Entscheidung selbst, gegenwärtig und unmittelbar betroffen.

Die B-GmbH ist somit im Ergebnis beschwerdebefugt.

---

[220] BVerfGE 7, 198 (204 ff.) (Lüth).
[221] BVerfGE 7, 198 (205 ff.); 97, 125 (144 ff.).
[222] *Schwabe*, Die sogenannte Drittwirkung der Grundrechte.
[223] Hierzu *Dreier*, in: ders., GG, Vorb. Rn 98.

> **Hinweis:** Erhebt die in einem Rechtsstreit unterlegene Partei eine **Urteilverfassungsbeschwerde,** ist die eigene, gegenwärtige und unmittelbare Betroffenheit grundsätzlich unproblematisch zu bejahen. Auf längere Ausführungen im Gutachtenstil kann dann verzichtet werden. Bei der **Rechtssatzverfassungsbeschwerde** müssen Sie hingegen an dieser Stelle ausführlicher und im Gutachtenstil arbeiten.

IV. Rechtswegerschöpfung und Subsidiarität

Nach § 90 II BVerfGG ist vor Erhebung einer Verfassungsbeschwerde zunächst der Rechtsweg auszuschöpfen. Da die B-GmbH laut Sachverhalt den Rechtsweg bis zur letzten Instanz ausgeschöpft hat, ist dieses Erfordernis erfüllt.

V. Form und Frist

Mangels anders lautender Angaben im Sachverhalt ist davon auszugehen, dass die Form des § 23 I BVerfGG (schriftlich und begründet) und die für die Urteilverfassungsbeschwerde geltende Frist von einem Monat (§ 93 I 1 BVerfGG) eingehalten worden sind.

VI. Ergebnis

Die Verfassungsbeschwerde ist zulässig. Von einer Annahme zur Entscheidung gemäß § 93a BVerfGG ist auszugehen.

B. Begründetheit

Die Verfassungsbeschwerde der B-GmbH müsste ferner begründet sein. Dies ist der Fall, wenn die B-GmbH durch das **letztinstanzliche Urteil tatsächlich** in ihrem Grundrecht auf Pressefreiheit aus Art. 5 I 2 GG **verletzt** worden ist.

In diesem Zusammenhang ist zu beachten, dass das BVerfG **keine „Superrevisionsinstanz"** ist. Der Prüfungsumfang ist auf die Verletzung „spezifischen Verfassungsrechts" begrenzt. Ob die letztinstanzliche Entscheidung im Widerspruch zum einfachen Recht steht, wird hingegen von Seiten des BVerfG grundsätzlich nicht geprüft. **„Spezifisches Verfassungsrecht"** ist verletzt, wenn das Urteil des Zivilgerichts auf einer verfassungswidrigen Rechtsgrundlage beruht, wenn der Richter bei der Auslegung des einfachen Rechts grundrechtliche Wertungen nicht beachtet hat, das Urteil objektiv unhaltbar und damit willkürlich erscheint oder im Laufe des Verfahrens gegen Verfahrensgrundrechte verstoßen worden ist.

Hinweis: Prüfungsmaßstab des BVerfG bei der Verfassungsbeschwerde ist das Grundgesetz, nicht das einfache Recht. Streng genommen stellt allerdings jede fehlerhafte Verletzung einfachen Rechts durch einen judikativen oder exekutiven Akt auch einen Verstoß gegen die Verfassung dar, nämlich gegen den Vorrang des Gesetzes, der als Teil des Rechtsstaatsprinzips in Art. 20 III GG verankert ist.

Ein Verstoß gegen Art. 20 III GG kann zwar mit einer Verfassungsbeschwerde nicht unmittelbar gerügt werden. Gerügt werden kann jedoch bei freiheitsbeschränkenden Handlungen des Staates, sofern kein spezielleres Grundrecht einschlägig ist, zumindest immer die Verletzung der allgemeinen Handlungsfreiheit (Art. 2 I GG). In diese darf wiederum nur eingegriffen werden, wenn der Eingriff durch die verfassungsmäßige Ordnung gedeckt ist, wenn er also nicht im Widerspruch zu den Vorschriften des GG steht. In diesem Zusammenhang kommt nun auch im Rahmen einer Verfassungsbeschwerde Art. 20 III GG wieder „ins Spiel". Der Eingriff darf nicht im Widerspruch zum Vorrang des Gesetzes (Art. 20 III GG) stehen.

Entsprechendes gilt auch für Eingriffe in den Schutzbereich der übrigen Grundrechte (z.B. Art. 5 I 2 GG). Auch hier ist bei Anwendung einer gesetzlichen Eingriffsgrundlage von Seiten der Verwaltung und der Rechtsprechung der Vorrang des Gesetzes zu beachten.

Konsequent weitergedacht, müsste das Bundesverfassungsgericht im Rahmen einer Urteilsverfassungsbeschwerde daher eigentlich auch prüfen, ob die einfachgesetzliche Eingriffsgrundlage, einfachrechtlich richtig angewendet worden ist, ob etwa sämtliche Tatbestandsvoraussetzungen, erfüllt sind. Dann wäre das Bundesverfassungsgericht jedoch nicht nur tatsächlich überfordert, sondern das Bundesverfassungsgericht hätte auch die Stellung einer alle Rechtsgebiete erfassenden „Superrevisionsinstanz". Es ist aber gerade Aufgabe der übrigen obersten Bundesgerichte (Bundesgerichtshof, Bundesverwaltunsgericht, Bundesfinanzhof, Bundesarbeitsgericht, Bundessozialgericht), letzte Instanz ihrer jeweiligen Rechtsgebiete zu sein.[224]

Daher schränkt das Bundesverfassungsgericht bei der Urteils-VB (bei der Rechtssatz-VB stellt sich das Problem so nicht) seinen Prüfungsumfang ein: Es überprüft nur die „Verletzung spezifischen Verfassungsrechts": Eine solche Verletzung liegt vor, wenn:

a) die gesetzliche Eingriffgrundlage verfassungswidrig ist,
b) grundrechtliche Wertungen bei der Auslegung und Anwendung des Gesetzes nicht beachtet worden sind,
c) das Urteil schlicht willkürlich ist oder
d) im Rahmen der Urteilsfindung gegen Verfahrensgrundrechte verstoßen worden ist.

II. Verletzung des Art. 5 I 2 GG (Pressefreiheit)

Zu prüfen ist; ob die letztinstanzliche Entscheidung tatsächlich die Pressefreiheit aus Art. 5 I 2 GG verletzt.

1. Schutzbereich

Zunächst müsste der Schutzbereich des Art. 5 I 2 GG (Pressefreiheit) eröffnet sein. Der in Art. 5 I 2 GG zu findende Pressebegriff wird weit und formal verstanden. Gemeint sind **alle zur Verbreitung an die Allgemeinheit bestimmten und geeigneten Druckerzeugnisse.** Erfasst sind also Zeitungen, Zeitschriften, Bücher, Flugblätter und Handzettel.

---

[224] Vgl. auch *Schlaich/Korioth*, Das Bundesverfassungsgericht Rn 284; *Pieroth/ Schlink*, Grundrechte Rn 1172 ff.

Auf den Inhalt des Druckerzeugnisses kommt es hingegen gerade nicht an. Die Bestimmung des Pressebegriffs anhand einengender inhaltlicher Vorgaben liefe nämlich auf eine Zensur hinaus; der Öffentlichkeit würden Vorgaben gemacht, mit welchen Themen sie sich zu beschäftigen hätte und mit welchen nicht. **Die Ansicht der C, nur die qualitativ hochwertige Presse sei geschützt, ist daher abzulehnen.** Auf den Inhalt des Presseerzeugnisses kommt es gerade nicht an.[225] Auch die Boulevardzeitung das „Blatt" fällt daher in den Schutzbereich der Pressefreiheit.

Geschützt durch Art. 5 I 2 GG ist zunächst ein Presseerzeugnis als solches, ferner die Pressearbeit und alle damit zusammenhängenden Tätigkeiten - von der Beschaffung der Information bis zur Verbreitung der Nachricht.[226] Die Pressefreiheit aus Art. 5 I 2 GG gewährleistet daher auch die Freiheit, ein Presseerzeugnis nach eigenen inhaltlichen und gestalterischen Vorstellungen herzustellen und zu verbreiten. Derjenige, der ein Presseprodukt erstellt, kann daher frei entscheiden, welche Meinungen und Tatsachen er aufnimmt und ob diese auf der Titelseite, der Rückseite oder an anderer Stelle erscheinen. Der Schutzbereich des Art. 5 I 2 GG (Pressefreiheit) ist somit eröffnet.

2. Eingriff

Durch das Urteil müsste zudem in den Schutzbereich des Art. 5 I 2 GG eingegriffen worden sein. Hier wird durch das letztinstanzliche Urteil die Pflicht der B-GmbH, eine Gegendarstellung der C in der nächsten Ausgabe des Blattes auf der Titelseite abzudrucken, **endgültig bestätigt**. Somit kann die B-GmbH zum einen nicht mehr frei über den Inhalt der von ihr herausgegebenen Zeitung entscheiden.

---

[225] Ebenso BVerfGE 25, 296 (307); 95, 28 (35 f.); 101, 361 (389). Vgl. auch *Starck*, in: in MKS, Art. 5 I, II Rn 60; *Hufen*, Staatsrecht II, § 27 Rn 4. Andere Ansicht einst *v. Mangoldt/Klein*, GG, Art. 5 Anm. VI 3, (S. 245).
[226] BVerfGE 10, 118 (121).

Zum anderen wird ihr auch die Freiheit genommen zu ent-
scheiden, an welcher Stelle sie die Gegendarstellung im
„Blatt" platziert. Das Urteil stellt daher einen Eingriff in die
Pressefreiheit dar.

3. Verfassungsrechtliche Rechtfertigung

Die Freiheiten des Art. 5 I GG werden allerdings nicht
schrankenlos gewährt. Nach Art. 5 II GG findet das Grundrecht der Pressfreiheit seine Schranken in den allgemeinen
Gesetzen. Der durch das Urteil bewirkte Eingriff ist daher
verfassungsrechtlich gerechtfertigt, wenn er a) auf einer
verfassungsmäßigen Rechtsgrundlage in der Form eines
allgemeinen Gesetzes beruht und wenn b) von dieser im
konkreten Fall **verfassungsgemäß Gebrauch** gemacht
worden ist.

a) Verfassungsmäßige Rechtsgrundlage

Zunächst müsste die gesetzliche Grundlage (§ 11 Nds-
PresseG), auf der das Urteil beruht, verfassungsmäßig sein,
also den qualifizierten Schrankenvorbehalt des Art. 5 II GG
(allgemeines Gesetz) erfüllen und zudem formell und materiell verfassungsgemäß sein.

aa) Qualifizierter Schrankenvorbehalt (allg. Gesetz)

Eingriffe in die Pressefreiheit dürfen nach Art. 5 II GG nur
auf der Grundlage eines allgemeinen Gesetzes erfolgen.
Fraglich ist, was hierunter zu verstehen ist.[227] Nach der
sogenannten **Sonderrechtslehre** ist ein allgemeines Gesetz
ein solches, das sich nicht gegen die Äußerung einer
Meinung als solche wendet.[228] Nach der mehr materielle
Kriterien berücksichtigenden **Abwägungslehre** ist ein
Gesetz allgemein, wenn das durch das Gesetz geschützte

---

[227] Vgl. *Pieroth/Schlink*, Grundrechte Rn 588 ff.; *Schmidt*, Grundrechte Rn 488 ff.
[228] *Häntzschel*, AöR 10 (1926), 228, 232 ff.

gesellschaftliche Gut materiell höherwertig ist als die Pressefreiheit.[229]

Das **Bundesverfassungsgericht hat diese beiden Lehren in der** *Lüth***-Entscheidung kombiniert.**[230] Allgemein sind danach Gesetze, die nicht eine Meinung als solche verbieten, die sich nicht gegen die Äußerung der Meinung als solche richten, die vielmehr dem Schutze eines schlechthin, ohne Rücksicht auf eine bestimmte Meinung zu schützenden Rechtsguts dienen, dem Schutze eines Gemeinschaftswerts, der gegenüber der Betätigung der Meinungsfreiheit den Vorrang hat.

Hinweis: Abwägungslehre, Sonderrechtslehre und die beide Ansätze kombinierende Definition des BVerfG sollten Sie für Klausuren zumindest von der Grundaussage her unbedingt beherrschen. Lesenswert hierzu *Lücke*, Die allgemeinen Gesetze (Art. 5 Abs. 2 GG).

Sowohl die Abwägungslehre als auch die „Kombinationsformel" des Bundesverfassungsgerichts können allerdings nicht überzeugen. Gegen die Abwägungslehre, die auf einer Rechtsgüterabwägung basiert, spricht, dass eine solche Abwägung als Bestandteil der Verhältnismäßigkeitsprüfung nach dem heutigen Stand der Grundrechtsdogmatik ohnehin ein konstituierendes Element jeder Grundrechtsprüfung ist.

Die Schranke des allgemeinen Gesetzes in Art. 5 II GG hätte bei einer entsprechenden Interpretation daher keine eigenständige begrenzende Funktion – sie wäre schlicht überflüssig. Zum anderen kann die Abwägungslehre die Schranken des Jugend- und Ehrschutzes nicht verständlich machen, die in Art. 5 II GG neben die Schranke des allgemeinen Gesetzes treten. Die gesonderte Erwähnung ist vielmehr gerade deshalb erforderlich, weil Gesetze zum Schutze der Jugend und der Ehre keinen meinungsneu-

---

[229] *Smend*, VVDStRL 4 (1928) 44, 52.
[230] BVerfGE 7, 198 (209 f.).

tralen Charakter aufweisen, es sich mithin um Sonderrecht handelt, so dass gerade ein eigenständiger Schrankenvorbehalt für solche Vorschriften erforderlich ist. Diese gegen die Abwägungslehre sprechenden Gesichtspunkte sprechen dann auch zwangsläufig gegen die „Kombinationsformel" des Bundesverfassungsgerichts, welche die Abwägungslehre mit enthält. Ohnehin hat das Bundesverfassungsgericht die „Kombinationsformel" aus der Lüth-Entscheidung mittlerweile wohl auch aufgegeben, da es in seinen jüngeren Entscheidungen das allgemeine Gesetz aus Art. 5 II GG nur noch mit dem ersten Teil seiner Formel definiert, der inhaltlich der Sonderrechtslehre entspricht.[231]

Zu einer Güterabwägung kommt das Bundesverfassungsgericht erst auf der Schranken-Schranken-Ebene im Rahmen der Verhältnismäßigkeitsprüfung, wie es auch dem Stand der gegenwärtigen Grundrechtsdogmatik entspricht.[232] Zu folgen ist daher der Sonderrechtslehre, wonach ein allgemeines Gesetz ein inhaltlich neutrales Gesetz darstellt (**Meinungsneutralität des allgemeinen Gesetzes**).[233]

§ 11 NdsPresseG schützt den Einzelnen vor Gefahren, die ihm durch die Erörterung seiner persönlichen Angelegenheiten in der Presse drohen, indem ihm die Möglichkeit gegeben wird, der Berichterstattung mit seiner eigenen Darstellung entgegenzutreten. Somit richtet sich § 11 NdsPresseG gerade nicht gegen eine Meinung als solche. Diese Norm dient vielmehr dem Schutz des allgemeinen Persön-

---

[231] So sind nach der jüngeren Rechtsprechung des BVerfG Gesetze dann allgemein, „wenn sie sich weder gegen die Meinungsfreiheit an sich noch gegen bestimmte Meinungen richten, sondern dem Schutz eines schlechthin, ohne Rücksicht auf eine bestimmte Meinung zu schützenden Rechtsguts dienen." (BVerfGE 97, 125, 146). Vgl. zu dieser jüngeren Entwicklung in der Rechtsprechung des BVerfG auch *Lücke*, Die allgemeinen Gesetze (Art. 5 Abs. 2 GG), S. 22; *Degenhart*, in: BK zum GG, Art. 5 I, II Rn 68; *Stern*, Staatsrecht, Bd. IV/1, § 109, V 4 (S. 1578 ff.).

[232] So etwa BVerfGE 97, 125, 146 ff. Vgl. auch *Lücke*, Die allgemeinen Gesetze (Art. 5 Abs. 2 GG), S. 22 m.w.N.

[233] *Pieroth/Schlink*, Grundrechte Rn 593.

lichkeitsrechts, einem Rechtsgut, das seinerseits in Art. 2 I GG iVm Art. 1 I GG verfassungsrechtlich verankert ist. **Bei § 11 NdsPresseG handelt es sich somit um ein allgemeines Gesetz iSd Art. 5 II GG.**

bb) Formelle Verfassungsmäßigkeit

Die Gesetzgebungskompetenz für das Presserecht liegt bei den Ländern. § 11 NdsPresseG ist somit vom zuständigen Gesetzgeber erlassen worden und daher auch formell verfassungsgemäß.[234]

cc) Materielle Verfassungsmäßigkeit

§ 11 NdsPresseG müsste ferner auch materiell verfassungsgemäß sein. Insbesondere müsste es den Anforderungen des in Art. 20 III GG niedergelegten **Grundsatzes der Verhältnismäßigkeit** entsprechen. Die Vorschrift müsste ein legitimes Ziel verfolgen und zur Erreichung dieses Ziels geeignet, erforderlich und angemessen sein.

§ 11 NdsPresseG soll den Einzelnen vor den Gefahren schützen, die ihm durch die Erörterung seiner persönlichen Angelegenheiten in der Presse drohen. **Legitimes Ziel** ist also der Schutz des allgemeinen Persönlichkeitsrechts.

Die Gewährung eines Anspruchs auf Abdruck einer Gegendarstellung im gleichen Teil des Druckwerkes, in der die beanstandete Meldung erschienen ist, fördert diesen Zweck, so dass diese Vorschrift zur Erreichung des Ziels auch **geeignet** ist.

Fraglich ist, ob die Gewährung eines Gegendarstellungsanspruchs auch **erforderlich** ist oder ob es zur Erreichung des Zieles nicht ein anderes, gleich wirksames Mittel gibt, welches aber die Pressefreiheit nicht oder weniger fühlbar

---

[234] In einer Hausarbeit könnten Sie an dieser Stelle noch problematisieren, ob es sich tatsächlich um eine Regelung der Kompetenzmaterie Presserecht handelt oder ob es sich nicht doch um eine Regelung handelt, die zur Kompetenzmaterie Bürgerlichen Rechts (Art. 74 I Nr. 1) zählt, von der wiederum der Bund abschließend Gebrauch gemacht haben könnte.

einschränkt. Weniger einschränkend wäre eine Regelung, nach der der Verleger zwar weiterhin zum Abdruck einer Gegendarstellung verpflichtet wäre, aber frei darüber entscheiden könnte, wo er die Gegendarstellung im Druckwerk platziert. Es bestünde dann jedoch für den Verleger immer die Möglichkeit, die Gegendarstellung an einem Ort im Druckwerk zu platzieren, der bei den Lesern nur wenig Beachtung findet. Einer unzutreffenden Berichterstattung könnten die Betroffenen daher dann nicht mehr gleich wirksam entgegentreten. Mithin ist die Regelung des § 11 NdsPresseG auch erforderlich.

Die Regelung des § 11 NdsPresseG müsste ferner auch **angemessen**, also verhältnismäßig im engeren Sinne sein. Zweck und Mittel dürfen nicht außer Verhältnis stehen. Dies erfordert eine Gesamtabwägung der betroffenen Güter.

Achtung: An dieser Stelle im Gutachten setzen Sie sich **abstrakt** mit der Frage auseinander, ob die gesetzliche Eingriffsgrundlage als solche verhältnismäßig ist. Sie erörtern noch nicht die Frage, ob diese im konkreten Einzelfall auch verhältnismäßig angewendet worden ist. Auf keinen Fall dürfen Sie daher hier die konkreten Auswirkungen auf die B-GmbH ansprechen. **Ihre Erörterung muss abstrakt bleiben!**

Auf der einen Seite steht hier die durch Art. 5 I 2 GG **geschützte Pressefreiheit der einzelnen Verleger**. Ihnen wird durch die gesetzliche Vorgabe, Gegendarstellungen abzudrucken, die Freiheit genommen, zu 100 % selbst zu entscheiden, welchen Inhalt ihr Presseerzeugnis hat und an welcher Stelle im Druckerzeugnis, welche Meldung erscheint. Erschwerend kommt hinzu, dass der Anspruch auf Abdruck einer Gegendarstellung weder das Vorliegen einer Ehrverletzung noch den Nachweis der Unwahrheit der Erstermittlung oder der Wahrheit der Gegendarstellung voraussetzt.

Auf der anderen Seite steht das **allgemeine Persönlich-keitsrecht** der durch die Berichterstattung betroffenen Personen. Dieses ist ebenfalls verfassungsrechtlich in Art. 2 I GG iVm Art. 1 I GG verankert.

Das allgemeine Persönlichkeitsrecht kann durch die Erörterung persönlicher Angelegenheiten in der Presse aufgrund der Reichweite und der publizistischen Wirkung der Presse in besonders starker Weise beeinträchtigt werden. Dem Gesetzgeber obliegt daher die Schutzpflicht, den Einzelnen wirksam gegen Einwirkungen der Medien auf seine Persönlichkeitssphäre zu schützen.

Dazu gehört auch, dass den Betroffenen die rechtlich gesicherte Möglichkeit gegeben wird, einer Berichterstattung in den Medien mit einer eigenen Darstellung entgegenzutreten.[235] Was die Intensität und das Ausmaß der Beeinträchtigung der Pressefreiheit durch den Anspruch auf Abdruck einer Gegendarstellung angeht, so ist zu beachten, dass nur derjenige den Abdruck einer Gegendarstellung verlangen kann, der von der Presse zuvor zum Gegenstand öffentlicher Erörterung gemacht worden ist. Eine Gegendarstellung bleibt also stets an die Erstmitteilung in der Presse gebunden.

Ferner beschränkt sich das Gegendarstellungsrecht auf *Tatsachenmitteilungen* und nicht auf die Äußerung von Meinungen. Schließlich ist der Anspruch auf Abdruck einer Gegendarstellung auch nach Gegenstand und Umfang durch die Erstmitteilung begrenzt. Das Ausmaß und die Intensität der Beeinträchtigung der Pressefreiheit durch § 11 NdsPressG bleiben somit begrenzt.

Dass der Anspruch auf Abdruck einer Gegendarstellung weder das Vorliegen einer Ehrverletzung noch den Nachweis der Unwahrheit erfordert, erklärt sich damit, dass das Persönlichkeitsbild einer Person auch durch Darstellungen

---

[235] BVerfGE 97, 125.

beeinträchtigt werden kann, die die Ehre unberührt lassen. Müsste zudem die Wahrheit einer Mitteilung ermittelt werden, würde die schnelle Verwirklichung des Entgegnungsanspruchs und damit auch seine gleiche publizistische Wirkung entfallen. Auch insofern erscheint die Regelung daher nicht unangemessen.

Als Ergebnis dieser Gesamtabwägung lässt sich somit sagen, **dass der Persönlichkeitsschutz nicht unangemessen zu Lasten der Pressefreiheit überdehnt** wird. Die Regelung des § 11 NdsPresseG ist somit auch angemessen.
Als Zwischenergebnis kann somit festgehalten werden, dass § 11 NdsPresseG dem Grundsatz der Verhältnismäßigkeit entspricht. Ein Verstoß gegen sonstige materielle GG-Vorschriften wie dem Bestimmtheitsgebot, dem Verbot eines Einzelfallgesetzes (Art. 19 I 1 GG) oder der Wesensgehaltsgarantie (Art. 19 II GG) ist ebenfalls nicht ersichtlich. § 11 NdsPresseG ist somit materiell verfassungsgemäß.

dd) Ergebnis

Das letztinstanzliche Urteil beruht somit auf einer formell und materiell verfassungsmäßigen Rechtsgrundlage in der Form eines allgemeinen Gesetzes.

b) Verfassungskonforme Anwendung

Die verfassungsgemäße Eingriffsgrundlage müsste ferner durch das Zivilgericht verfassungsgemäß ausgelegt und angewendet worden sein. Aufgrund der Bedeutung der Pressefreiheit im freiheitlich demokratischen Staat[236] sind Gesetze, die die Pressefreiheit beschränken nach der **sog. Wechselwirkungslehre** ihrerseits im Lichte der Pressefreiheit auszulegen. Die Beschränkung der Pressefreiheit ist nur zum Schutze gleichwertiger anderer Rechtsgüter und unter

---

[236] Das BVerfG bezeichnet die Pressefreiheit auch als **schlechthin konstituierend für die freiheitlich demokratische Grundordnung**. Gleiches gilt für die übrigen Kommunikationsgrundrechte des Art. 5 I, für die Versammlungsfreiheit (Art. 8 I GG) und die Vereinigungsfreiheit (Art. 9 I GG).

strikter Wahrung des Grundsatzes der Verhältnismäßigkeit möglich.

> **Hinweis:** Im Grunde genommen handelt es sich bei der „Wechsel-wirkungstheorie" um nichts anderes als um die verfassungskon-forme Auslegung eines Gesetzes, orientiert am Grundsatz der Verhältnismäßigkeit. Eine solche Auslegung ist jedoch keine Be-sonderheit des Art. 5 I GG, sondern entsprechend ist bei jedem Gesetz zu verfahren, das ein Grundrecht beschränkt – sei es Art. 5 I GG, sei es eines der anderen Freiheitsrechte. Im Rahmen des Art. 5 I GG hat sich hierfür lediglich eine eigene Begrifflichkeit („Wechselwirkungstheorie") entwickelt. Den Begriff Wechselwir-kungstheorie sollten Sie daher im Rahmen einer Prüfung des Art. 5 I GG an der entsprechenden Stelle zwar nennen; ansonsten können Sie jedoch wie gewohnt auf das Ihnen bekannte Prüfungs-schema eines Freiheitsrechts zurückgreifen.

Zu prüfen ist somit, ob das letztinstanzliche Gericht bei der *Auslegung und Anwendung* des § 11 NdsPressG die Be-deutung und Tragweite der Pressefreiheit hinreichend be-achtet hat. Aus dem Grundrecht der Pressefreiheit folgt zwingend, dass ein einfachgesetzlicher Anspruch auf Ab-druck einer Gegendarstellung nur dann gewährt werden darf, wenn es in der Presse zuvor eine Erstmitteilung über Tatsachen gegeben hat. Das letztinstanzliche Gericht müss-te also hier § 11 NdsPresseG auch diesen verfassungs-rechtlichen Vorgaben entsprechend **angewendet** haben.

Das Grundrecht der Pressefreiheit wäre daher etwa verletzt, wenn das Gericht trotz einer fehlenden Erstmitteilung über den Anspruch auf Abdruck der Gegendarstellung bestätigt hätte oder es sich bei der Erstermittlung im Blatt nicht um eine Tatsachenbehauptung, sondern um ein Werturteil ge-handelt hätte.[237]

> **Achtung**: Bei der soeben erfolgten Prüfung handelte es sich nicht um eine einfachgesetzliche Prüfung des Tatbestandes des § 11 NdsPresseG, sondern um eine verfassungsrechtliche Prüfung.

---

[237] BVerfGE 97, 125 ff.

In diesem Fall ist aber eine Erstmitteilung über die Hochzeit der C auch tatsächlich im Blatt erschienen. Ferner handelte es sich bei der Mitteilung über die bevorstehende Hochzeit auch nicht um eine Meinung, sondern um eine Mitteilung von Tatsachen.

§ 11 NdsPresseG ist somit in diesem Fall in einer den Anforderungen der Pressefreiheit entsprechenden Weise angewendet worden. Anzeichen dafür, dass der Gebrauch der Eingriffsgrundlage im konkreten Einzelfall unverhältnismäßig ist, liegen nicht vor. Somit wurde von der Eingriffsgrundlage (§ 11 NdsPresseG) gegenüber der B-GmbH verfassungsgemäß Gebrauch gemacht.

c) Ergebnis

Der Eingriff beruht auf einer verfassungsmäßigen Rechtsgrundlage in der Form eines allgemeinen Gesetzes, von der im konkreten Fall auch verfassungsgemäß Gebrauch gemacht worden ist. Der Eingriff in den Schutzbereich der Pressefreiheit (Art. 5 I 2 GG) ist daher verfassungsrechtlich gerechtfertigt.

4. Ergebnis Prüfung des Art. 5 I 2 GG (Pressefreiheit)

Die Entscheidung des letztinstanzlichen Gerichts verletzt nicht die Pressefreiheit der B-GmbH aus Art. 5 I 2 GG.

III. Ergebnis Prüfung der Begründetheit

Die Verfassungsbeschwerde ist nicht begründet.

C. Gesamtergebnis

Die Verfassungsbeschwerde ist zwar zulässig aber nicht begründet und hat daher keine Aussicht auf Erfolg.

Hinweis: Dieser Fall war äußerst komplex und umfangreich. In Anfängerklausuren wird eine solche ausführliche Lösung von Ihnen für eine erfolgreiche Bearbeitung nicht erwartet. Anders hingegen bei der Anfertigung einer Hausarbeit. Siehe zu der geamten Problematik des Falles auch *Hufen*, Staatsrecht II, § 27 Rn 22.

FALL 6: HER MIT DEN ZELLEN!

F lässt sich immer wieder zu kriminellen Handlungen hinreißen. Allerdings stellt er sich dabei nicht gerade geschickt an. Es kommt daher im Laufe der Zeit zu zahlreichen Verurteilungen wegen unterschiedlicher Delikte. Es beginnt mit einer viermonatigen Bewährungsstrafe wegen Diebstahls, zwei Jahre später wird F wegen Beleidigung zu einer Geldstrafe verurteilt. Frustriert greift F zu Drogen und wird prompt erwischt: eineinhalbjährige Bewährungsstrafe wegen unerlaubten Drogenbesitzes. Acht Jahre später kommt es dann zu einer weiteren Verurteilung wegen versuchter schwerer Brandstiftung in Tateinheit mit gefährlicher Körperverletzung.

Die Strafe von einem Jahr wird erneut zur Bewährung ausgesetzt. Jedoch ordnete das Amtsgericht diesmal gestützt auf § 80g I StPO die Entnahme von Körperzellen zur Feststellung des DNA-Identifizierungsmusters an. Es begründete dies wie folgt:

„F ist wegen einer in § 81g StPO genannten Tat verurteilt worden. Daneben liegen weitere Verurteilungen vor; die entsprechenden Eintragungen im Bundeszentralregister sind noch nicht getilgt. Aufgrund dieser Erkenntnisse besteht Grund zu der Annahme, dass gegen ihn auch zukünftig Strafverfahren wegen Straftaten von erheblicher Bedeutung zu führen sein werden. Dies ergibt sich aus folgenden Umständen: Die Schwere der Straftat deutet auf ein hohes Maß an krimineller Energie hin."

F ist empört und legt beim LG Beschwerde ein, die jedoch zurückgewiesen wird. Damit gibt sich F jedoch nicht zufrieden. Er will daher vor dem BVerfG eine Aufhebung der Entscheidung erwirken. Zur Begründung führt er an, dass schon § 81g StPO wegen eines Verstoßes gegen sein informationelles Selbstbestimmungsrecht verfassungswidrig sei. Durch den möglichen Aufbau einer Gendatei werde ein „gläserner Mensch" geschaffen.

Angesichts dieser Konsequenzen genüge der Paragraf mit der Aufzählung von Regelbeispielen nicht dem Bestimmtheitsgebot. In jedem Fall sei aber die Anwendung der Norm durch das AG so nicht möglich. Diese wenigen, kleinen Straftaten könnten eine solch' drastische Maßnahme nicht rechtfertigen. Zudem habe das Gericht überhaupt gar keine richtige Prognose aufgestellt.

Ist die Verfassungsbeschwerde des F begründet?

§ 81g StPO

(1) Zum Zwecke der Indentitätsfeststellung in künftigen Strafverfahren dürfen dem Beschuldigten, der einer Straftat von erheblicher Bedeutung, insbesondere eines Verbrechens, eines Vergehens gegen die sexuelle Selbstbestimmung, einer gefährlichen Körperverletzung, eines Diebstahls in besonders schwerem Fall oder einer Erpressung verdächtig ist, Körperzellen entnommen und zur Feststellung des DNA-Identifizierungsmusters molekulargenetisch untersucht werden, wenn wegen der Art oder Ausführung der Tat, der Persönlichkeit des Beschuldigten oder sonstiger Erkenntnisse Grund zu der Annahme besteht, dass gegen ihn künftig erneut Strafverfahren wegen einer der vorgenannten Straftaten zu führen sind.

(2) Die entnommenen Körperzellen dürfen nur für die in Absatz 1 genannte molekulargenetische Untersuchung verwendet werden; sie sind unverzüglich zu vernichten, sobald sie hierfür nicht mehr erforderlich sind. Bei der Untersuchung dürfen andere Feststellungen als diejenigen, die zur Ermittlung des DNA-Identifizierungsmusters erforderlich sind, nicht getroffen werden; hierauf gerichtete Untersuchungen sind unzulässig.

(3) Über die Entnahme muss ein Richter entscheiden.

Hinweis: Der Fall ist angelehnt an BVerfGE 103, 21. Mit einem DNA-Identifizierungsmuster ist eine Feststellung von Gen-Defekten und ähnlichem nicht möglich. Es ist allein möglich, eine Person wie bei einem „normalen" Fingerabdruck zu identifizieren.

LÖSUNG FALL 6: HER MIT DEN ZELLEN!

Vorüberlegung: Beachten Sie zunächst die Fallfrage. Es ist **allein die Begründetheit** einer Verfassungsbeschwerde des F zu prüfen. Es handelt sich gleichwohl um eine Urteils-VB, so dass Sie sowohl die gesetzliche Grundlage als auch deren Anwendung überprüfen müssen. Inhaltlich geht es um das Recht auf informationelle Selbstbestimmung aus Art. 2 I GG iVm Art. 1 I GG.

Die Verfassungsbeschwerde ist begründet, wenn das den Beschluss des Amtsgerichts bestätigende Urteil des LG den F tatsächlich in seinen Grundrechten verletzt.

A. Art. 2 I GG iVm Art. 1 I GG

In Betracht kommt zunächst eine Verletzung des **allgemeinen Persönlichkeitsrechts** aus Art. 2 I GG iVm Art. 1 I GG.

I. Schutzbereich

1. Persönlicher Schutzbereich[238]

Als **Menschenrecht** umfasst das allgemeine Persönlichkeitsrecht jedenfalls alle natürlichen Personen[239] und damit auch den F.

2. Sachlicher Schutzbereich

Das **allgemeine Persönlichkeitsrecht** ist im GG nicht ausdrücklich erwähnt. Das BVerfG, das die normative Grundlage dieses Rechts in Art. 2 I GG iVm Art. 1 I GG sieht,[240] geht davon aus, dass dem Einzelnen durch dieses Recht **ein autonomer Bereich privater Lebensgestaltung gesichert wird, in dem er seine Individualität entwickeln und wahren kann.**[241] Die Rechtsprechung hat dabei im Laufe der Zeit den Schutzbereich des allgemeinen Persönlichkeitsrechts durch die Herausarbeitung einzelner Rechte

---

[238] Zu der Frage ob auch juristische Personen vom Schutzbereich umfasst sind *Roth/Wilms*, JuS 2004, 577 ff.

[239] *Epping*, Grundrechte Rn 604; *Dreier*, in: ders., GG-Kommentar Bd. 1, Art. 2 I GG Rn 81.

[240] BVerfGE 75, 369 (380); *Jarass/Pieroth*, Art. 2 GG Rn 29.

[241] BVerfGE 79, 256 (268).

weiter aufgefächert.[242] Zu nennen sind etwa das Recht am eigenen Bild und am eigenen Wort, das Recht auf Kenntnis der eigenen Abstammung und eben auch das **Recht auf informationelle Selbstbestimmung.** Dieses letzte Recht gewährleistet die aus dem Gedanken der Selbstbestimmung folgende Befugnis des Einzelnen, grundsätzlich selbst zu entscheiden, **wann und innerhalb welcher Grenzen persönliche Lebenssachverhalte offenbart werden.** Es gewährt damit Schutz gegen unbegrenzte Erhebung, Speicherung, Verwendung oder Weitergabe der auf sie bezogenen individualisierten oder individualisierbaren Daten.[243] In diesem Fall geht es um die Entnahme von Körperzellen, zur Feststellung individualisierender, also persönlicher Merkmale. **Damit ist der sachliche Schutzbereich hier eröffnet.**

II. Eingriff

In den Schutzbereich müsste durch den Beschluss des LG auch eingegriffen worden sein.

> **Hinweis**: Auch wenn Sie hier allein die Begründetheit prüfen sollen, müssen Sie sich klar machen, was den Beschwerdegegenstand darstellt, da allein relevant ist, ob dieser einen Eingriff darstellt oder nicht. Beschwerdegegenstand ist hier der Beschluss des LG, der den Beschluss des AG bestätigt hat.

In diesem Fall wird durch den Beschluss des LG endgültig bestätigt, dass dem F gegen seinen Willen entsprechende Körperzellen entnommen werden dürfen. Dadurch kann F mithin **nicht mehr frei über die Preisgabe entsprechender Informationen verfügen.** Es wird also ein grds. geschütztes Verhalten unmöglich gemacht, weshalb ein (klassischer)[244] Eingriff vorliegt.

---

[242] *Schmidt*, Grundrechte Rn 264 ff. Eine Aufzählung mit entsprechenden Nachweisen auch bei *Sachs*, Verfassungsrecht II, B 2 Rn 53 sowie ausführlich bei *Dreier*, in: ders., GG-Kommentar Bd. 1, Art. 2 I GG Rn 68 ff.

[243] BVerfGE 65, 1 (41 ff.); E 103, 21 (32 f.); *Hufen*, Staatsrecht II, § 12 Rn 4.

[244] Vgl. *Dreier*, in: ders., GG-Kommentar, Bd. 1, Art. 2 I GG Rn 83.

III. Verfassungsrechtliche Rechtfertigung

Der Beschluss des LG wäre jedoch verfassungsrechtlich gerechtfertigt, wenn er 1) auf einer verfassungsmäßigen Rechtsgrundlage beruht und 2) von dieser auch im konkreten Fall in verfassungsgemäßer Weise Gebrauch gemacht worden wäre.

1. Verfassungsmäßige Rechtsgrundlage

Zunächst müsste die gesetzliche Grundlage, auf der der Beschluss beruht, verfassungsgemäß sein.

a) Generelle Einschränkbarkeit

Fraglich ist zunächst, welchen Schranken das (von der Rechtsprechung entwickelte) Recht auf informationelle Selbstbestimmung überhaupt unterliegt. Angesichts der Grundlage des Rechts in Art. 2 I GG erscheint es einleuchtend, auch hier für Beschränkungen die **Schrankentrias des Art. 2 I GG** heranzuziehen.[245] Die informationelle Selbstbestimmung unterliegt mithin einem **einfachen Gesetzesvorbehalt.**[246] Die insbesondere im Rahmen der Verhältnismäßigkeit zu beachtenden Anforderungen steigen jedoch in dem Maße, in dem sich der Eingriff dem **Kernbereich des Persönlichkeitsrechts** nähert.[247] Dieser Kernbereich (teilweise wird auch von der **Intimsphäre** gesprochen),[248] der letztlich in der Menschenwürde selbst wurzelt, darf durch entsprechende Regelungen keinesfalls angetastet werden. Entsprechende Eingriffe sind daher nicht abwägungsfähig.[249]

---

[245] *Epping*, Grundrechte Rn 619; *Dreier*, in: ders., GG-Kommentar, Bd 1, Art. 2 I GG Rn 86; BVerfGE 65, 1 (44).

[246] *Manssen*, Staatsrecht II Rn 247; *Hufen*, Staatsrecht II, § 12 Rn 11.

[247] *Jarass/Pieroth*, Art. 2 GG Rn 46 ff.

[248] *Sodan/Ziekow*, Grundkurs Öffentliches Recht, § 27 Rn 18; *Jarass/Pieroth*, Art. 2 GG Rn 47; *Epping*, Grundrechte Rn 620; *Schmidt*, Grundrechte Rn 274; *Ipsen*, Staatsrecht II Rn 295.

[249] BVerfGE 27, 1 (6); E 103, 21 (31); *Sodan/Ziekow*, Grundkurs Öffentliches Recht, § 27 Rn 18. Kritisch *Alexy*, Theorie der Grundrechte, S. 327 f.

Für die Frage der Rechtfertigung ist daher zu klären, ob es sich um einen Eingriff in den Kernbereich handelt. Ist dies der Fall, kommt eine gesetzliche Rechtfertigung nicht in Betracht. Ist demgegenüber der Kernbereich nicht betroffen, so muss anschließend die formelle und materielle Verfassungsmäßigkeit des Gesetzes untersucht werden, wobei die Anforderungen an die Verhältnismäßigkeit steigen, je mehr der Eingriff sich dem Kernbereich nähert.

Hinweis: Auch das BVerfG geht bei seiner Entscheidung so vor. Allerdings behandelt es die Frage des Kernbereichs bereits vor der allgemeinen Prüfung, ob das Gesetz überhaupt in den Schutzbereich eingreift (siehe BVerfGE 103, 21 (31)). Der dogmatisch „richtige" Ort dieser Abgrenzung ist indes hier im Rahmen der Rechtfertigung.

Hier ist zunächst zu beachten, dass das Gesetz ausschließlich die Feststellung des DNA-Identifizierungsmusters zum Zweck der Identitätsfeststellung in künftigen Strafverfahren gestattet; anschließend wird das Genmaterial vernichtet. Entscheidend ist insoweit, dass durch dieses Material Rückschlüsse auf persönlichkeitsrelevante Merkmale wie Erbanlagen, Charaktereigenschaften oder Krankheiten des Betroffenen, also **ein Persönlichkeitsprofil, nicht ermöglicht** werden.[250]

Wenn auch die Beweiskraft deutlich höher anzusehen ist als bei einem üblichen Fingerabdruck, so ist dieser „**genetische Fingerabdruck**" jenem doch in wesentlichen Punkten vergleichbar. Angesichts dieser Tatsache, kann in der Regelung des § 81g StPO kein (stets unzulässiger) Eingriff in den Kernbereich privater Lebensgestaltung gesehen werden.[251] Vielmehr kann der Eingriff durch ein formell und materiell verfassungsmäßiges Gesetz gerechtfertigt werden.

---

[250] BVerfGE 103, 21 (32).
[251] BVerfGE 103, 21 (32).

b) Formelle Verfassungsmäßigkeit

Das Gesetz müsste formell verfassungsgemäß sein. Dies setzt zunächst die **Zuständigkeit** des Bundesgesetzgebers voraus.

Hinweis: Zumindest zur Zuständigkeit sollten auch ohne nähere Angaben im Sachverhalt ein paar Worte verloren werden (wie es auch das BVerfG tut, siehe BVerfGE 103, 21 (30)). Diese ergibt sich aus dem GG selbst. Angaben im Sachverhalt sind mithin schlicht nicht erforderlich.

In Betracht kommt hier eine Zuständigkeit gemäß **Art. 74 I Nr. 1 GG**, wonach der Bund die konkurrierende Zuständigkeit für das **Strafrecht und das gerichtliche Verfahren** besitzt. Abzugrenzen ist das Strafverfahrensrecht indes von der allgemeinen Gefahrenabwehr, die den Ländern obliegt und bei der es vor allem um die Verhinderung künftiger Straftaten geht.[252]

Die Vorschrift dient hier jedoch allein der Beweisbeschaffung zur Verwendung in kommenden Strafverfahren und ist damit dem *Strafverfahrensrecht* zuzuordnen; auf eine unmittelbare Verhinderung künftiger Straftaten und damit auf Gefahrenabwehr ist das Gesetz insoweit nicht gerichtet. Unerheblich ist es dabei, dass es sich um eine Maßnahme handelt, die sich auf zukünftige Strafverfahren bezieht. Dem Art. 74 I Nr. 1 GG ist eine Beschränkung auf gegenwärtige Strafverfahren nicht zu entnehmen. Entscheidend ist vielmehr allein der Gegenstand des Gesetzes und nicht sein Anknüpfungspunkt.[253] Damit hat der Bund eine entsprechende Kompetenz.

---

[252] Siehe hierzu auch das Urteil des BVerfG vom 27.7.2005. Dort hatte das BVerfG die niedersächsischen Regelungen zur vorbeugenden Telefonüberwachung für nichtig erklärt, da dem Landesgesetzgeber die Zuständigkeit für eine solche Regelung fehlte. Die Daten konnten auch zur Verwertung in einem künftigen Strafverfahren und damit zur Strafverfolgung erhoben werden. Von der konkurrierenden Kompetenz zur Strafverfolgung hat jedoch der Bund bereits abschließend Gebrauch gemacht.

[253] BVerfGE 103, 21 (30).

Für die Regelung besteht zudem auch eine **Erforderlichkeit** iSd Art. 72 II GG zur Wahrung der Rechtseinheit im gesamten Bundesgebiet.[254] Von einem ordnungsgemäßen Verfahren im Übrigen ist auszugehen.

c) Materielle Verfassungsmäßigkeit

Das Gesetz müsste zudem auch materiell verfassungsgemäß sein. Dies setzt voraus, dass es aa) verhältnismäßig ist und bb) auch sonstige materielle Bestimmungen beachtet.

aa) Verhältnismäßigkeit

Das Gesetz verfolgt mit der Ermöglichung der Beweisbeschaffung in künftigen Strafverfahren einen **legitimen Zweck** und verwendet hierzu mit der Entnahme entsprechender Körperzellen auch ein **legitimes Mittel**. Eine solche Entnahme mit der anschließenden Speicherung des genetischen Fingerabdrucks ist auch **geeignet**, in künftigen Strafverfahren eine Beweisbeschaffung zu erleichtern.

Im Rahmen der **Erforderlichkeit** ließe sich auch an eine Regelung denken, die eine solche Entnahme nur mit Zustimmung des Betroffenen ermöglicht. Doch ist evident, dass in einem solchen Fall, die Erfassung zwangsläufig lückenhaft erfolgen würde. Eine solche Regelung wäre damit nicht ebenso geeignet. Es stellt sich somit allein die Frage nach der **Angemessenheit** der Regelung. Entscheidend ist insoweit, ob die den Einzelnen treffende Belastung noch in einem vernünftigen Verhältnis zu den der Allgemeinheit erwachsenden Vorteilen steht.[255]

---

[254] Auf diese Erforderlichkeit geht das BVerfG bei seiner Entscheidung überhaupt nicht ein. Sie wird hier jedoch der Vollständigkeit halber kurz erwähnt. Fallbeispiel zu der neuen Auslegung des Art. 72 II GG bei *Reffken/Thiele*, Standardfälle Staatsrecht I, Fall 7.

[255] BVerfGE 76, 1 (51).

Hier ist zunächst zu bemerken, dass eine Entnahme eine vorangegangene Verurteilung wegen einer Straftat von erheblicher Bedeutung voraussetzt und zudem an die Prognose geknüpft ist, dass weitere Strafverfahren bzgl. solcher Taten zu führen sein werden.[256] Damit wird die Maßnahme auf besondere Fälle beschränkt.

Das Interesse des Betroffenen an effektivem Grundrechtsschutz wird im Übrigen durch den **Richtervorbehalt** berücksichtigt, der die Gerichte zu einer Einzelfallprüfung zwingt. § 81g II StPO enthält des Weiteren eine strenge Zweckbindung und das Gebot der Vernichtung der gesamten entnommenen Zellen. Dadurch wird ein **Missbrauch** (insbesondere durch Untersuchungen im codierten Bereich der DNA) **verhindert**.

Auf der anderen Seite besteht ein erhebliches Interesse der Allgemeinheit an der Aufklärung solcher erheblicher Straftaten, insbesondere im Bereich der Sexualdelikte, bei denen oftmals auf entsprechende DNA-Spuren zurückgegriffen werden kann. Angesichts der genannten „Sicherungen" erscheint die in § 81g StPO getroffene Regelung damit **nicht als unangemessen**. Sie verstößt mithin nicht gegen das Übermaßverbot.[257]

bb) Sonstige materielle Regelungen

Bei den sonstigen materiellen Anforderungen stellt sich vor allem die Frage nach der Vereinbarkeit mit dem letztlich aus dem Rechtsstaatsprinzip[258] zu folgernden **Bestimmtheitsgebot**. Dieses Gebot verlangt, dass gesetzliche Normen so genau zu fassen sind, wie dies nach der Eigenart der zu ordnenden Lebenssachverhalte mit Rücksicht auf den Normzweck möglich ist (Normenklarheit).[259]

---

[256] BVerfGE 103, 21 (34).
[257] BVerfGE 103, 21 (34 f.
[258] Zum Rechtsstaatsprinzip siehe *Reffken/Thiele*, Standardfälle Staatsrecht I, S. 148 ff.
[259] BVerfGE 56, 1 (12).

Dabei sind unbestimmte und auslegungsfähige Rechtsbegriffe durchaus zulässig. Das Bestimmtheitsgebot ist aber verletzt, wenn eine **willkürliche Handhabung durch die Behörden ermöglicht wird**.[260] Fraglich ist hier, ob der Begriff der „Straftat von erheblicher Bedeutung" in § 81g StPO diesen Erfordernissen genügt. Anzumerken ist insoweit, dass der Begriff auch in anderen strafverfahrensrechtlichen Regelungen verwendet wird; er ist zudem im Polizeirecht der Länder anzutreffen.

Durch die hierzu ergangene Rechtsprechung ist dieser Begriff daher **mittlerweile näher konkretisiert** worden. Es handelt sich also nicht um einen neuen Begriff, dessen genaue Bedeutung nunmehr erst durch die Rechtsprechung entwickelt werden müsste. Die in den **Regelbeispielen** genannten Straftaten **grenzen den unbestimmten Rechtsbegriff zudem noch weiter ein**. Insgesamt wird damit dem **Bestimmtheitsgebot** hinreichend **Rechnung getragen**, so dass eine willkürliche Handhabung des Begriffs ausgeschlossen werden kann.[261]

d) Zwischenergebnis

Die Grundlage des Beschlusses, § 81g StPO, ist verfassungsgemäß.

2. Verfassungsgemäßer Gebrauch

§ 81g StPO müsste im konkreten Fall auch verfassungsgemäß angewandt worden sein. Dies setzt nach der Regelung zweierlei voraus: Zum einen muss das Gericht zulässigerweise eine Straftat von erheblicher Bedeutung angenommen haben (a). Zum anderen muss auch die Gefahrenprognose einer verfassungsrechtlichen Prüfung standhalten (b).

---

[260] *Jarass/Pieroth*, Art. 20 GG Rn 61.
[261] BVerfGE 103, 21 (34).

a) Straftat von erheblicher Bedeutung

Zunächst müsste die Feststellung des Gerichts, dass eine Straftat von erheblicher Bedeutung vorliegt, mit dem GG vereinbar gewesen sein. Das erscheint indes fraglich. Die Begründung des AG erschöpft sich in einer schlichten Wiedergabe der Vorverurteilungen des F. Es wird insoweit **nicht ersichtlich, warum das Gericht von einer Straftat von erheblicher Bedeutung ausgeht.** Auch wenn es sich insoweit zum Teil um Regelbeispielsfälle gehandelt haben mag, so entbindet diese Tatsache nicht von der notwendigen einzelfallbezogenen Prüfung der Erheblichkeit.[262]

Die Regelbeispiele belegen nicht, das bei Erfüllung des Regeltatbestandes ausnahmslos eine Straftat von erheblicher Bedeutung vorliegt, die einen Eingriff in Art. 2 I GG zu rechtfertigen vermag. Vielmehr ist bei Hinweisen darauf, dass eine Ausnahme von der Regel in Betracht kommt, erneut eine auf den Einzelfall bezogene Prüfung erforderlich. Das Gericht hat demnach bereits bei dieser Feststellung die Bedeutung und Tragweite des Art. 2 I iVm Art. 1 I GG nicht beachtet.

b) Gefahrenprognose

Fraglich erscheint zudem, ob die Begründung der Negativprognose einer verfassungsrechtlichen Prüfung standzuhalten vermag. Eine Maßnahme nach § 81g StPO setzt voraus, dass sie im Hinblick auf die Prognose der Gefahr der Wiederholung auf **schlüssigen, verwertbaren und in der Entscheidung nachvollziehbar dokumentierten Tatsachen beruht** und auf dieser Grundlage die richterliche Annahme der Wahrscheinlichkeit künftiger Straftaten von erheblicher Bedeutung belegt.[263] Es bedarf somit positiver, auf den Einzelfall bezogener Gründe für die Annahme einer Wiederholungsgefahr.

---

[262] BVerfGE 103, 21 (38).
[263] BVerfGE 103, 21 (37).

Der allgemeine Hinweis des Gerichts auf die (trotz der verhängten Bewährungsstrafen) nicht näher erläuterte „Schwere der begangenen Straftat" und das daraus angeblich abzuleitende „hohe Maß an krimineller Energie" **vermag nicht die Aufklärung und Prüfung aller bedeutsamen Umstände einschließlich derjenigen, die gegen eine Negativprognose sprechen, zu ersetzen.**[264] Zumindest hätten auch die Gründe der gegenläufigen Prognoseentscheidungen berücksichtigt werden müssen. Damit kann auch die Gefahrenprognose einer verfassungsrechtlichen Prüfung nicht standhalten.

c) Ergebnis

Die Anwendung des § 81g StPO verletzt das Recht auf informationelle Selbstbestimmung des F.

IV. Ergebnis

Durch den Beschluss des LG wird F in seinem Recht auf informationelle Selbstbestimmung verletzt.

B. Sonstige Grundrechte

Eine Verletzung sonstiger Grundrechte kommt nicht in Betracht; Art. 2 I GG (allgemeine Handlungsfreiheit) tritt subsidiär zurück.

C. Gesamtergebnis

Die Verfassungsbeschwerde des F ist begründet.

---

[264] BVerfGE 103, 21 (39).

Fall 7: Zwangskammer

Die liberale L-Partei setzt sich schon seit langem für die Abschaffung der gesetzlichen Pflichtmitgliedschaft von Gewerbetreibenden in der Industrie- und Handelskammer (IHK) ein. Diese Art von berufsständischer Selbstverwaltung mittels einer Körperschaft des öffentlichen Rechts ist nach Auffassung der L-Partei insbesondere für kleinere und mittelständische Betriebe viel zu bürokratisch und wirtschaftsfern. Die Aufgaben der Kammern könnten ebenso gut, wenn nicht sogar besser, durch privatrechtliche Vereinigungen auf freiwilliger Basis und durch staatliche Stellen erfüllt werden. Zudem verstoße die durch § 2 IHK-Gesetz vorgesehene gesetzliche Pflichtmitgliedschaft gegen Grundrechte der Gewerbetreibenden, insbesondere gegen die Vereinigungsfreiheit aus Art. 9 I GG. Da die L-Partei, die im Bundestag nur über ein Drittel der Sitze verfügt, bei den anderen Parteien keine Unterstützung für die Abschaffung der gesetzlichen Pflichtmitgliedschaft findet, entschließt sie sich, vor das Bundesverfassungsgericht zu ziehen. Die Mitglieder der Bundestagsfraktion der L-Partei stellen beim Bundesverfassungsgericht den Antrag, den § 2 IHK-Gesetz wegen Verstoßes gegen Art. 9 I GG und Art. 2 I GG für verfassungswidrig zu erklären.

Frage: Hat der Antrag Aussicht auf Erfolg?

§ 2 IHK-Gesetz
(1) Zur Industrie- und Handelskammer gehören, sofern sie zur Gewerbesteuer veranlagt sind, natürliche Personen, Handelsgesellschaften, andere nicht rechtsfähige Personenmehrheiten und juristische Personen des privaten und des öffentlichen Rechts, welche im Bezirk der Industrie- und Handelskammer entweder eine gewerbliche Niederlassung oder eine Betriebsstätte oder eine Verkaufsstelle unterhalten (Kammerzugehörige).
...

§ 3 IHK-Gesetz
(1) Die Industrie- und Handelskammer ist Körperschaft des öffentlichen Rechts.

Hinweis: Fall angelehnt an BVerfG NVwZ 2002, 335.

132

Lösung Fall 7: Zwangskammer

Vorüberlegung: Die Bundestagsfraktion der L-Partei möchte gegen § 2 IHK-Gesetz vor dem Bundesverfassungsgericht vorgehen. Der Fall ist prozessual eingekleidet, so dass **Zulässigkeit und Begründetheit** eines Verfahrens vor dem Bundesverfassungsgericht zu prüfen sind. Da es in dem Sachverhalt um Grundrechte geht, könnte zunächst daran gedacht werden, dass die Zulässigkeit einer Verfassungsbeschwerde zu prüfen ist. Als Teil des Staatsorgans Bundestag ist die Fraktion als Antragstellerin selbst jedoch nicht Grundrechtsträgerin und daher im Rahmen einer Verfassungsbeschwerde auch nicht beschwerdeberechtigt. Die Verfassungsbeschwerde scheidet somit von vornherein als zulässiges Verfahren aus. In Frage kommt vielmehr ein abstraktes Normenkontrollverfahren vor dem Bundesverfassungsgericht. In diesem objektiven Rechtsbeanstandungsverfahren wird ein Gesetz umfassend auf seine Verfassungsmäßigkeit hin überprüft und somit auch auf etwaige Verstöße gegen Grundrechte.

Die Bundestagsfraktion der L-Partei wendet sich gegen § 2 IHK-Gesetz und rügt dessen Verfassungswidrigkeit. In Betracht kommt damit ein **abstraktes Normenkontrollverfahren** vor dem Bundesverfassungsgericht gemäß Art. 93 I Nr. 2 GG iVm §§ 13 Nr. 6, 76 ff. BVerfGG. Dieses hat Aussicht auf Erfolg, wenn es zulässig und begründet ist.

A. Zulässigkeit

Die abstrakte Normenkontrolle müsste zulässig sein.

I. Antragsberechtigung

Die Bundestagsfraktion der L-Partei müsste im Verfahren der abstrakten Normenkontrolle **antragsberechtigt** sein. Gemäß Art. 93 I Nr. 2 GG, § 76 I BVerfGG ist die Bundesregierung, eine Landesregierung oder ein Drittel der Mitglieder des Bundestags antragsberechtigt. Laut Sachverhalt hat die Bundestagsfraktion der L-Partei die Stärke von einem Drittel der Mitglieder des Bundestages. Die Mitglieder der Fraktion der L-Partei sind somit antragsberechtigt.

II. Antragsgegenstand

Zulässiger Antragsgegenstand ist gemäß Art. 93 I Nr. 2 GG, § 76 I BVerfGG **Bundes- oder Landesrecht**. § 2 IHK-Gesetz ist als formelles Bundesgesetz insofern ein zulässiger Antragsgegenstand.

III. Antragsgrund

Gemäß Art. 93 I Nr. 2 GG müssen beim Antragsteller Meinungsverschiedenheiten oder Zweifel hinsichtlich der Verfassungsmäßigkeit des Antragsgegenstandes bestehen. Hier zweifeln die Mitglieder der Fraktion der L-Partei nicht nur an der Verfassungsmäßigkeit des § 2 IHK-Gesetz, sondern sie halten diese Vorschrift sogar für verfassungswidrig und nichtig. Damit ist auch die Vorgabe des § 76 I Nr. 1 BVerfGG erfüllt. Auf dessen Verhältnis zu Art. 93 I Nr. 2 GG ist somit nicht näher einzugehen.

IV. Form und Frist

Eine Frist ist beim abstrakten Normenkontrollverfahren nicht zu beachten. Der Antrag ist nach § 23 I BVerfGG aber **schriftlich** einzureichen und zu **begründen**.

V. Ergebnis

Die abstrakte Normenkontrolle ist hier zulässig.

B. Begründetheit

Die abstrakte Normenkontrolle müsste auch begründet sein, um Erfolg zu haben. Dies ist der Fall, wenn § 2 IHK-Gesetz gegen das Grundgesetz verstößt.

Hinweis: Im Rahmen einer abstrakten Normenkontrolle prüft das Bundesverfassungsgericht ein Bundesgesetz umfassend am Maßstab des GG. Die Prüfung beschränkt sich daher nicht etwa nur auf die Vereinbarkeit mit Grundrechten. Auch sonstige materielle und formelle Grundrechtsvorschriften sind Prüfungsmaßstab.

Die Begründetheitsprüfung einer abstrakten Normenkontrolle gliedert sich daher in folgende zwei Teile: **I. formelle Verfassungsmäßigkeit und II. materielle Verfassungsmäßigkeit.** Die Prüfung der formellen Verfassungsmäßigkeit (Zuständigkeit, Verfahren, Form) wird bei einer Anfängerklausur zum Staatsrecht II (Grundrechte) meist unproblematisch sein und sollte schnell abgehandelt werden. Der Schwerpunkt der Klausur wird vielmehr in der materiellen Verfassungsmäßigkeitsprüfung liegen, wo etwaige Grundrechtsverstöße zu prüfen sind.

Werden Kenntnisse zum gesamten Staatsrecht verlangt (Staatsorganisationsrecht und Grundrechte), ist es hingegen nicht unwahrscheinlich, dass das zu prüfende Gesetz sowohl gegen Grundrechte als auch gegen Vorschriften des formellen und sonstigen materiellen Verfassungsrechts verstößt. Entsprechend ausführlich muss Ihre Lösung dann an den einzelnen Stellen sein.

I. Formelle Verfassungsmäßigkeit

Hinsichtlich der **formellen Verfassungsmäßigkeit** des § 2 IHK-Gesetz **bestehen keine Bedenken.** Die Gesetzgebungskompetenz des Bundes ergibt sich aus Art. 74 I Nr. 11 GG. Anzeichen für Verstöße gegen Verfahrens- oder Formvorschriften des GG gibt es nicht.

II. Materielle Verfassungsmäßigkeit

Fraglich ist aber, ob § 2 IHK-Gesetz, der für jeden Gewerbetreibenden die Pflichtmitgliedschaft in der Industrie- und Handelskammer vorsieht, auch materiell verfassungsgemäß ist.

1. Art. 9 I GG

In Frage kommt zunächst ein Verstoß des § 2 IHK-Gesetz gegen Art. 9 I GG.

a) Eröffnung des Schutzbereiches

Dann müsste zunächst der Schutzbereich des Art. 9 I GG eröffnet sein. Art. 9 I GG gewährleistet die Vereinigungsfreiheit. Nach Art. 9 I GG haben alle Deutschen das Recht, Vereine und Gesellschaften zu bilden. Der Schutzbereich des Art. 9 I GG gewährleistet die Freiheit, Vereine zu gründen und sich in einer Vereinigung zu betätigen (**individuelle Komponente** der Vereinigungsfreiheit).[265] Geschützt ist zudem die jeweilige Vereinigung als solche in ihrer Existenz und in ihrer Funktionsfähigkeit (**kollektive Komponente** der Vereinigungsfreiheit).[266]

Darüber hinaus wird durch Art. 9 I GG aber auch die Freiheit geschützt, aus einer Vereinigung wieder auszutreten bzw. dieser erst gar nicht beizutreten (sog. **negative Vereinigungsfreiheit**).[267] Da § 2 IHK-Gesetz Gewerbetreibende kraft Gesetzes zur Mitgliedschaft in einer IHK verpflichtet und Gewebetreibenden keine Möglichkeit geboten wird, sich dieser Pflichtmitgliedschaft zu entziehen, könnte insofern ein Verstoß gegen die durch Art. 9 I GG gewährleistete **negative Vereinigungsfreiheit** der Gewerbetreibenden vorliegen.

Dies setzt jedoch voraus, dass eine Industrie- und Handelskammer auch eine Vereinigung iSd Art. 9 I GG ist, auf die die negative Komponente des Art. 9 I GG Anwendung findet. Vereinigung iSd des Art. 9 I GG ist ein Zusammenschluss mehrerer natürlicher oder juristischer Personen bzw. Personenvereinigungen für längere Zeit zu einem gemeinsamen Zweck auf **freiwilliger Basis** bei Unterwerfung unter eine organisatorische Willensbildung.[268] Diese Definition gilt jedenfalls hinsichtlich der positiven Seite der Vereinigungsfreiheit.

---

[265] *Epping*, Grundrechte Rn 795; *Manssen*, Staatsrecht II Rn 536.
[266] *Manssen*, Staatsrecht II Rn 538; *Pieroth/Schlink*, Grundrechte Rn 731 f.
[267] *Epping*, Grundrechte Rn 797, *Pieroth/Schlink*, Grundrechte Rn 727.
[268] *Manssen*, Staatsrecht II Rn 533.

Körperschaften des öffentlichen Rechts, wie die Industrie-
und Handelskammern (vgl. § 3 IHK-Gesetz), die durch staatlichen Hoheitsakt gegründet werden und eine Mitgliedschaft
kraft Gesetzes, also eine Zwangsmitgliedschaft vorsehen,
erfüllen das Merkmal der Freiwilligkeit nicht. Folglich gewährleistet der Schutzbereich des Art. 9 I GG auch nicht ihre
Existenz und Funktionsfähigkeit.[269] Ferner können sich die
(Zwangs)Mitglieder einer solchen Körperschaft daher auch
nicht auf die positive individuelle Komponente des Art. 9 I
GG (Gründungs- und Betätigungsfreiheit) berufen.[270]

Umstritten ist allerdings die Frage, ob der Schutzbereich des
Art. 9 I GG zumindest mit seiner negativen Komponente
(Zwangs-)Körperschaften des öffentlichen Rechts erfasst
und somit vor der Zwangseingliederung in öffentlich-
rechtliche Verbände schützt. Rechtsprechung[271] und die
überwiegende Ansicht in der Literatur[272] **lehnen dies
jedoch ab** und sehen den Schutzbereich des Art. 9 I GG
auch hier als nicht eröffnet an. Pflichtzusammenschlüsse in
einer öffentlich-rechtlichen Körperschaft seien vielmehr an
Art. 2 I GG zu messen.

Begründet wird dies zunächst einmal damit, dass die negative Seite der Vereinigungsfreiheit nicht weiter reichen könne
als die positive Seite (**Kehrseitenargument**).[273] Wenn der
Einzelne aus Art. 9 I GG nicht das Recht ableiten könne,
eine öffentlich-rechtliche Vereinigung zu gründen, dann
könne er aus Art. 9 I GG auch nicht das Recht ableiten,
dieser fernzubleiben.[274] Die öffentlich-rechtlichen Zwangs-
vereinigungen seien von Art. 9 I GG nun einmal insgesamt
nicht erfasst, weder mit der positiven noch mit der negativen
Seite.

---

[269] Vgl. *Schmidt*, Grundrechte Rn 637.
[270] *Epping*, Grundrechte Rn 804.
[271] BVerfGE 10, 89 (102); 15, 235 (239); 38, 281 (297); BVerfG, NVwZ 2002, 335; BVerwG, NJW 1998, 3510.
[272] Etwa *Löwer*, in: von Münch/Kunig, GG, Art. 9 Rn 30; *Jahn* JuS 2002, 334, 335; *Jarass/Pieroth*, Art. 9 GG Rn 5. Anders aber *Hufen*, Staatsrecht II, § 14 Rn 11.
[273] BVerfGE 10, 89 (102); 38, 281 (297 f.); BVerfGE NVwZ 2002, 335 f.
[274] Vgl. *Epping*, Grundrechte Rn 804.

Zudem wird auf die **Entstehungsgeschichte** des Art. 9 I GG verwiesen. So wurde zwar im Verfassungskonvent der Vorschlag gemacht, die Vereinigungsfreiheit um eine Regelung zu ergänzen, dass niemand gezwungen werden dürfe, sich einer Vereinigung anzuschließen. Unter Hinweis auf die möglicherweise bestehende Notwendigkeit, Angehörige bestimmter Berufe in öffentlich-rechtlichen Organisationen zusammenzuschließen, wurde dieser Vorschlag jedoch explizit abgelehnt. Zwangskörperschaften sollten also von der allgemeinen Vereinigungsfreiheit gerade nicht erfasst werden.[275]

Demgegenüber gibt es aber auch **Stimmen in der Literatur**, die der Ansicht sind, dass Art. 9 I GG eine negative Vereinigungsfreiheit auch hinsichtlich Körperschaften des öffentlichen Rechts gewährleiste.[276] Dem „Kehrseitenargument" halten sie entgegen, dass es zwar zutreffe, dass Private keine öffentlich-rechtlichen Körperschaften gründen könnten und Art. 9 I GG ihnen auch nicht diese Freiheit gewähre. Das Fernbleiben von einem solchen Verband sei jedoch keine Inanspruchnahme öffentlich-rechtlicher Gestaltungsformen. Vielmehr gehe es schlicht um die Abwehr staatlichen Zwangs und damit um eine **klassische Grundrechtsfunktion**.[277]

Ferner richte sich die Vereinigungsfreiheit historisch auch gegen hoheitliche Zwangszusammenschlüsse, wie beispielsweise Zünfte. Diese Schutzfunktion erkenne die Rechtsprechung hinsichtlich privatrechtlicher Zwangszusammenschlüsse auch an. In diesem Zusammenhang mache es aber keinen Unterschied, ob sich der Einzelne gegen eine Pflichtmitgliedschaft in einer privatrechtlichen oder öffentlich-rechtlichen Vereinigung wehre.[278]

---

[275] BVerfGE NVwZ 2002, 335 f.
[276] *Bauer*, in: Dreier, GG, Art. 9 Rn 47; *Höfling*, in: Sachs, GG Art. 9 Rn 22; *Pieroth/Schlink*, Grundrechte Rn 730; *Hufen*, Staatsrecht II, § 14 Rn 11.
[277] *Bauer*, in: Dreier, GG, Art. 9 Rn 47; *Höfling*, in: Sachs, GG Art. 9 Rn 22.
[278] *Pieroth/Schlink*, Grundrechte Rn 730.

Die Argumente der zuletzt genannten Ansicht können letztlich aber doch nicht überzeugend begründen, warum der Schutz der negativen Vereinigungsfreiheit weiterreichen kann als der positive Gewährleistungsbereich des Art. 9 I GG. Insofern ist **der Ansicht der Rechtsprechung zu folgen**, die der Auffassung ist, dass Art. 9 I GG keine negative Vereinigungsfreiheit gegenüber Körperschaften des öffentlichen Rechts gewährleistet, sondern dass entsprechende Pflichtmitgliedschaften am Maßstab des Art. 2 I GG zu messen sind.

> **Hinweis:** Wie Sie sich hier letztlich entscheiden, ist unerheblich. Wichtig ist, dass sie den Streit um die Frage, ob die negative Vereinigungsfreiheit des Art. 9 I GG auch hinsichtlich öffentlich-rechtlicher Zwangskörperschaften anwendbar ist, darstellen und insbesondere Argumente für beide Ansichten vortragen. Das „Kehrseitenargument" darf dann nicht fehlen.

b) Ergebnis

Der Schutzbereich des Art. 9 I GG gewährleistet nicht die Freiheit vor Pflichtmitgliedschaften in Körperschaften des öffentlichen Rechts. Eine Verletzung des Art. 9 I GG durch § 2 I IHK-Gesetz scheidet somit schon auf der Ebene des Schutzbereiches aus.

2. Art. 2 I GG

Die in § 2 IHK-Gesetz vorgesehene Pflichtmitgliedschaft könnte jedoch gegen Art. 2 I GG, der als Auffanggrundrecht die **allgemeine Handlungsfreiheit** schützt, verstoßen.

a) Schutzbereich

Art. 2 I GG gewährleistet die allgemeine Handlungsfreiheit. Geschützt ist **jegliches menschliches Verhalten in positiver wie in negativer Hinsicht** (jeder kann tun und lassen was er will).[279]

---

[279] *Manssen*, Staatsrecht II Rn 220. Siehe ausführlich auch Fall 1.

Somit gewährleistet die allgemeine Handlungsfreiheit des Art. 2 I GG auch die Freiheit, nicht Mitglied in einer Körperschaft des öffentlichen Rechts wie z.B. der IHK zu werden bzw. die Freiheit diese als Mitglied wieder zu verlassen. Als Auffanggrundrecht gegenüber den spezielleren Grundrechten ist Art. 2 I GG allerdings nur anwendbar, wenn kein spezielleres Grundrecht einschlägig ist.[280] Wie bereits geprüft, ist der Schutzbereich des Art. 9 I GG hier nicht einschlägig. Auch der Schutzbereich der durch Art. 12 I GG gewährleisteten Berufsfreiheit wird durch die gesetzliche Pflichtmitgliedschaft des § 2 I GG nicht tangiert. Somit kann subsidiär auf Art. 2 I GG zurückgegriffen werden.

Hinweis: Dass die im IHK-Gesetz vorgesehene Pflichtmitgliedschaft nicht den Schutzbereich der **Berufsfreiheit aus Art. 12 I GG** berührt, ist nicht so unproblematisch, wie die hier im Urteilsstil abgefassten Ausführungen vermuten lassen. Es ist durchaus naheliegend, einen rechtfertigungsbedürftigen Eingriff in die Berufsfreiheit anzunehmen. Das Bundesverfassungsgericht hat sich allerdings in seiner jüngsten Entscheidung zur Pflichtmitgliedschaft in der IHK mit keinem Wort zu Art. 12 I GG geäußert.[281] Setzen Sie sich mit Art. 12 I GG intensiver auseinander, haben Sie das Problem, dass Ihnen an anderer Stelle die Zeit fehlt, und dass Sie - sofern Sie bei Art. 12 I GG den Schutzbereich als eröffnet ansehen - nicht mehr den nur subsidiär zu prüfenden Art. 2 I GG ansprechen können. Hierauf wird eine an der Rechtsprechung des Bundesverfassungsgerichts orientierte Lösungsskizze aber meist angelegt sein. Deshalb wird hier empfohlen, Art. 12 I GG nur im Rahmen der Prüfung des Art. 2 I GG kurz anzusprechen und im Urteilsstil die Eröffnung des Schutzbereiches abzulehnen. Sofern Ihnen ausreichend Zeit zur Verfügung steht, können Sie eine Verletzung von Art. 12 I GG aber auch als gesonderten Prüfungspunkt ansprechen (1. Verletzung des Art. 9 I GG; 2. Verletzung des Art. 12 I GG; 3. Verletzung des Art. 2 I GG).

---

[280] *Pieroth/Schlink*, Grundrechte Rn 369.
[281] BVerfG, NVwZ 2002, 335. Vgl. auch *Jahn*, JuS 2002, 434, 436, der vermutet, „dass das Bundesverfassungsgericht eine Beeinträchtigung von Art. 12 I GG als völlig neben der Sache liegend erachtet".

> Die Prüfung des Art. 12 I GG sollten Sie aber kurz halten und eine Eröffnung des Schutzbereiches unter Hinweis auf die Lehre vom funktionalen Schutzbereich[282] ablehnen, um anschließend mit der Prüfung am Maßstab des Art. 2 I GG fortzufahren. In einer **Hausarbeit** müssen Sie sich hingegen ausführlicher mit Art. 12 I GG auseinandersetzen.

b) Eingriff

Es müsste ein Eingriff in Schutzbereich des Art. 2 I GG vorliegen. Der § 2 IHK-Gesetz legt kraft Gesetzes fest, dass jeder Gewerbetreibende Mitglied in einer Industrie- und Handelskammer ist. Insofern wird durch einen finalen, unmittelbaren Rechtsakt in die Freiheit des einzelnen Gewerbetreibenden eingegriffen, einem solchen Verband fernzubleiben. Somit liegt ein Eingriff in die allgemeine Handlungsfreiheit der Gewerbetreibenden vor.

c) Verfassungsrechtliche Rechtfertigung

Dieser Eingriff könnte jedoch verfassungsrechtlich gerechtfertigt sein. Die allgemeine Handlungsfreiheit des Art. 2 I GG wird nämlich nicht schrankenlos gewährleistet, sondern findet ihre Schranken u.a. in der **verfassungsmäßigen Rechtsordnung**. Dies meint die **Gesamtheit der Normen, die formell und materiell verfassungsmäßig sind**. Ein solches einschränkendes Gesetz ist hier § 2 IHK-Gesetz.

Zu prüfen ist daher, ob dieser formell und materiell verfassungsgemäß ist und damit zur verfassungsmäßigen Rechtsordnung zählt. In formeller Hinsicht bestehen keine Bedenken (s.o.). In materieller Hinsicht ist allerdings fraglich, ob § 2 IHK-Gesetz auch dem **Grundsatz der Verhältnismäßigkeit** aus Art. 20 III GG (Rechtsstaatsprinzip) entspricht. Der Gesetzgeber müsste dann mit der Regelung ein **legitimes Ziel** verfolgen, und die Pflichtmitgliedschaft müsste zur Erreich-

---

[282] Zur Lehre vom funktionalen Schutzbereich, siehe *Schmidt*, Grundrechte Rn 134.

ung des Ziels **geeignet**, **erforderlich** und **angemessen** sein.

aa) Legitimes Ziel

Voraussetzung für eine gesetzlich vorgeschriebene (Zwangs)mitgliedschaft in einem öffentlich-rechtlichen Verband ist zunächst, dass hiermit ein legitimes Ziel verfolgt wird. Dies ist der Fall, wenn der errichtete Verband, für den eine Zwangsmitgliedschaft vorgesehen ist, hier die IHK, seinerseits eine **legitime öffentlich Aufgabe erfüllt**.[283] Damit sind Aufgaben gemeint, an deren Erfüllung ein gesteigertes Interesse der Gemeinschaft besteht. Die Industrie- und Handelskammern haben die Aufgabe, **die gewerbliche Wirtschaft zu vertreten** und **Verwaltungsaufgaben auf wirtschaftlichem Gebiet** zu erledigen (vgl. § 1 IHK-Gesetz). Als Selbstverwaltungskörperschaften bündeln sie Sachverstand und Interessen der Wirtschaftssubjekte und bringen beides in den wirtschaftspolitischen Willensbildungsprozess ein. Hinsichtlich der Erfüllung dieser Aufgaben besteht jedenfalls auch ein gesteigertes öffentliches Interesse. Die Industrie- und Handelskammern erfüllen somit eine legitime öffentliche Aufgabe.

bb) Geeignetheit

Geeignet ist ein Mittel, wenn mit seiner Hilfe der gewünschte Erfolg gefördert werden kann, wobei die **Möglichkeit der Zweckerreichung** genügt. Dem Gesetzgeber ist für diese Frage ein Beurteilungs- und Prognosespielraum zuzusprechen. Der Gesetzgeber hat sich vorliegend entschieden, die oben genannten Ziele durch die Gründung von Selbstverwaltungskörperschaften mit Zwangsmitgliedern zu erreichen. Anzeichen dafür, dass eine solche Organisation gänzlich ungeeignet ist, diese gesetzgeberischen Ziele auch zu erreichen, bestehen nicht. Somit stellt § 2 I IHK-Gesetz ein geeignetes Mittel dar.

---

[283] BVerfGE 10, 89 (102); 15, 235 (241); 38, 281 (299).

cc) Erforderlichkeit

Ferner müsste § 2 IHK-Gesetz auch erforderlich sein. Das Gebot der Erforderlichkeit ist verletzt, wenn das Ziel der staatlichen Maßnahme durch **ein anderes gleich wirksames Mittel erreicht** werden kann, mit dem das betreffende Grundrecht nicht oder weniger fühlbar eingeschränkt wird.[284]

Als milderes Mittel kommt hier zunächst in Betracht, dass die oben genannten öffentlichen Aufgaben (Vertretung der gewerblichen Wirtschaft im politischen Prozess und die Wahrnehmung von Verwaltungsaufgaben auf wirtschaftlichen Gebieten) durch ausschließlich private Verbände mit freiwilligen Mitgliedern wahrgenommen werden. Für rein private Verbände bestünde anders als für Körperschaften des öffentlichen Rechts jedoch keine Gemeinwohlbindung. Aufgrund fehlender Pflichtmitgliedschaft wären zudem nicht alle gewerbetreibenden Mitglieder der privaten Verbände. Diese wären somit auch nicht legitimiert, für die Gewerbetreibenden in ihrer Gesamtheit zu sprechen. Insofern wären rein private Verbände nicht in der Lage, in gleicher Art und Weise die Aufgaben der Industrie- und Handelskammern wahrzunehmen.

Ferner wäre es denkbar, dass der **Staat** die Verwaltungsaufgaben der Industrie- und Handelskammern **durch seine eigenen Behörden erfüllt**. Einer solchen unmittelbaren Staatsverwaltung fehlt jedoch die besondere Sachnähe und Sachkompetenz, die Selbstverwaltungskörperschaften aufweisen. Aufgrund der fehlenden Sachkompetenz wäre eine Wirtschaftsverwaltung durch staatsunmittelbare Behörden daher kein gleich wirksames Mittel.

Insofern ist die Errichtung von öffentlich-rechtlichen Selbstverwaltungskörperschaften einschließlich einer gesetzlich angeordneten Pflichtmitgliedschaft für die Erreichung des gesetzgeberischen Ziels auch erforderlich.

---

[284] BVerfGE 68, 193 (218); 77, 84 (109); 81, 70 (90).

dd) Angemessenheit

Die gesetzliche Anordnung einer Pflichtmitgliedschaft müsste zu dem angestrebten legitimen Zweck auch verhältnismäßig im engeren Sinne, also angemessen sein. In diesem Zusammenhang ist zunächst zu beachten, dass die Pflichtmitgliedschaft in der IHK die Gewerbetreibenden in ihrer wettbewerblichen Handlungsfreiheit **kaum einschränkt**. Anders etwa als noch bei den Zünften wirkt sich die Mitgliedschaft nicht auf die Freiheit der Gewerbetreibenden aus, Wettbewerbsparameter, wie den Preis, den Service, das Produkt, das Verkaufsgebiet, den Geschäftsstandort und die Werbemaßnahmen nach ihrem Willen festzusetzen.

Die unternehmerische Handlungsfreiheit, deren Mittelpunkt die wettbewerbliche Handlungsfreiheit bildet, ist somit nur am Rande berührt. Auf der anderen Seite ist zu berücksichtigen, dass die Pflichtmitgliedschaft den Kammerzugehörigen die Chance zur Beteiligung und Mitwirkung an staatlichen Entscheidungsprozessen eröffnet, ihnen dabei aber auch die Möglichkeit offen lässt, sich nicht zu betätigen. Zugleich hat die Pflichtmitgliedschaft eine freiheitssichernde und legitimatorische Funktion, weil sie auch dort, wo das Allgemeininteresse einen gesetzlichen Zwang verlangt, die unmittelbare Staatsverwaltung vermeidet und stattdessen auf die Mitwirkung der Betroffenen setzt. **Folglich ist die Anordnung der Pflichtmitgliedschaft durch § 2 IHK-Gesetz auch ein angemessenes gesetzliches Mittel.**[285]

d) Ergebnis Art. 2 I GG

Die Anordnung der Pflichtmitgliedschaft für Gewerbetreibende in der IHK durch § 2 IHK-Gesetz **ist somit verhältnismäßig**. Verstöße gegen sonstige materielle Grundrechtsvorschriften sind auch nicht ersichtlich. § 2 IHK-Gesetz stellt somit eine zulässige Schrankenregelung dar. Art. 2 I GG ist somit nicht verletzt.

---

[285] Eine schulmäßige Verhältnismäßigkeitsprüfung des IHK-Gesetzes finden Sie in der Entscheidung BVerfG, NVwZ 2002, 335.

3. Sonstige materielle Verstöße

Sonstige materielle Verstöße sind nicht ersichtlich.

III. Ergebnis Begründetheit

§ 2 IHK-Gesetz ist formell und materiell verfassungsmäßig. Die abstrakte Nomenkontrolle ist mithin nicht begründet.

C. Gesamtergebnis

Der Antrag der Fraktion der L-Partei ist zwar zulässig, jedoch nicht begründet und hat daher keine Aussicht auf Erfolg.

Hinweis: Neben der IHK kennt die deutsche Rechtsordnung eine ganze Reihe weiterer (berufsständischer) öffentlich-rechtlicher Selbstverwaltungskörperschaften, etwa die Handwerks-, Rechtsanwalts-, Ärzte-, Apotheker-, Notar-, Steuerberater-, Wirtschaftsprüfer- oder Landwirtschaftskammern. Auch die verfasste **Studierendenschaft** (vertreten durch den **AStA**) ist eine öffentlich-rechtliche Selbstverwaltungskörperschaft mit gesetzlicher Pflichtmitgliedschaft. Eine Klausur zum Problem der verfassungsrechtlichen Zulässigkeit einer Zwangsmitgliedschaft in öffentlich-rechtlichen Vereinigungen muss Ihnen daher nicht zwangsläufig „im Gewand der IHK" begegnen.

Soweit eine öffentlich-rechtliche Körperschaft mit Pflichtmitgliedern ihren **gesetzlich festgelegten Aufgabenbereich** überschreitet, ist das einzelne Pflichtmitglied durch Art. 2 I GG hiergegen geschützt.[286] Nimmt etwa der AStA ein allgemeinpolitisches Mandat in Anspruch und äußert sich zu allgemeinpolitischen Fragen, dann kann ein einzelner Student, der eine abweichende Meinung vertritt, sich zwar nicht auf seine durch Art. 5 I 1 GG geschützte negative Meinungsfreiheit berufen, er hat jedoch einen aus **Art. 2 I GG** folgenden Anspruch darauf, dass sich die Organe ihres Verbandes unter Wahrung des Verhältnismäßigkeitsprinzips innerhalb des Wirkungskreises der gesetzlich definierten Aufgaben halten.[287]

---

[286] BVerfGE 78, 320 (330).
[287] OVG Berlin, NVwZ-RR 2004, 348.

Fall 8: Der Gesundbeter...

B und seine Ehefrau F gehören der religiösen Vereinigung des evangelischen Brüdervereins an. Zwar steht diese Glaubenslehre des B (und der F) ärztlichen Heilbehandlungen nicht völlig ablehnend gegenüber; sie hält es indes für besser, sich allein an Gott zu wenden, um eine Gesundung zu erreichen. Die nach der Geburt des vierten Kindes unter akutem Blutmangel leidende F lehnte es daher ab, sich ärztlichem Rat gemäß in eine Krankenhausbehandlung zu begeben und eine Bluttransfusion vornehmen zu lassen. B unterließ es, seinen Einfluss auf seine Ehefrau im Sinne der ärztlichen Ratschläge geltend zu machen. B versuchte vielmehr gemeinsam mit F diese „gesundzubeten". Die F, bis zuletzt bei klarem Bewusstsein, verstarb. Das zuständige Amtsgericht verurteilte den B daher wegen fahrlässiger Tötung durch Unterlassen zu einer achtmonatigen Gefängnisstrafe. Auf seine Berufung hin, hob das LG diese Verurteilung auf und sprach ihn frei, da nicht nachzuweisen sei, dass der Tod der F durch die unterlassene Überführung verursacht worden sei. Auch eine unterlassene Hilfeleistung liege nicht vor, da der B sich nicht über den in voller geistiger Klarheit und Willensfähigkeit gefassten Entschluss der F, sich nicht behandeln zu lassen, habe hinwegsetzen dürfen. Die Revision der Staatsanwaltschaft vor dem OLG hatte jedoch Erfolg. Es verwies die Sache an das LG zurück, da dieses die Voraussetzungen des § 323c StGB verkannt habe: B sei aus der ehelichen Lebensgemeinschaft zu dem Versuch verpflichtet gewesen, die F zur Einwilligung in die notwendige Behandlung zu bewegen. Ein Verstoß gegen Art. 4 I GG liege darin nicht. Das LG verurteilte den B daraufhin zu einer Geldstrafe.

Verletzt das Urteil den B in seinem Grundrecht aus Art. 4 I, II GG?

Hinweis: Fall angelehnt an BVerfGE 32, 98.

Lösung Fall 8: Gesundbeter...

Vorüberlegung: Gefragt ist hier allein nach einem Verstoß gegen Art. 4 I, II GG. Es sind damit keine verfassungsprozessualen Probleme anzusprechen. Auch Art. 2 I GG sollte in einem solchen Fall nicht erwähnt werden.

B wird durch das Urteil in seinem Grundrecht aus Art. 4 I, II GG verletzt, sofern durch dieses in den Schutzbereich eingegriffen wurde (A, B) und dieser Eingriff verfassungsrechtlich nicht gerechtfertigt werden kann (C).

A. Eröffnung des Schutzbereiches[288]

I. Persönlicher Schutzbereich

Zunächst müsste der persönliche Schutzbereich eröffnet sein. Bei Art. 4 GG handelt es sich um ein „**Jedermann-Grundrecht**". Die Religionsfreiheit wird folglich nicht allein Mitgliedern anerkannter Kirchen oder Religionsgemeinschaften, sondern auch den Angehörigen anderer religiöser Vereinigungen gewährleistet. B unterfällt damit als natürliche Person dem persönlichen Schutzbereich.

II. Sachlicher Schutzbereich

Zudem müsste das Handeln des B auch dem sachlichen Schutzbereich des Art. 4 I, II GG unterfallen. Nach der Rechtsprechung des BVerfG stellt Art. 4 GG ein einheitliches Grundrecht der Glaubensfreiheit dar.[289] Glaubensfreiheit ist dabei die Freiheit, sich eine religiöse oder areligiöse Überzeugung von der **Stellung des Menschen in der Welt** und seiner **Beziehung zu höheren Mächten und tieferen Seinsschichten** zu bilden und auch sich diesen Überzeugungen entsprechend zu verhalten.[290] Geschützt ist also sowohl die innere Freiheit zu glauben oder nicht zu glauben (**forum internum**) sowie die äußere Freiheit, den

---

[288] Lesenswert zu Art. 4 GG auch *Tillmanns*, Jura 2004, 619 ff.

[289] BVerfGE 108, 282 (294 ff.); E 105, 279 (293 ff.). Siehe auch *Morlok*, in: Dreier, GG-Kommentar Bd. 1, Art. 4 GG Rn 54.

[290] *Schmidt*, Grundrechte Rn 375. Ausführlich *Hufen*, Staatsrecht II, § 22 Rn 6 ff.

Glauben zu manifestieren und zu verbreiten (**forum externum**).[291] Dazu gehört auch das Recht des Einzelnen, **sein gesamtes Verhalten an den Lehren seines Glaubens auszurichten** und seiner inneren Glaubensüberzeugung gemäß zu handeln.

In diesem Fall beruft sich B auf seine Überzeugung, wonach eine Gesundung der F am besten durch Beten und starken Glauben an Gott erreicht werden kann. Es geht damit um seine Vorstellung von der Beziehung des Menschen zu Gott. Die aus diesen Gründen erfolgende Ablehnung einer Einflussnahme auf die F ist damit grds. von der Glaubensfreiheit umfasst. Problematisch könnte jedoch sein, dass die Glaubenslehre des B eine ärztliche Behandlung nicht zwingend untersagt. Er hätte die F mithin ohne einen Verstoß gegen diese Lehre zu einer Behandlung bewegen können. Geschützt sind von Art. 4 GG jedoch **nicht allein imperative (also verpflichtende) Glaubenssätze (str.)**.[292] Das Grundrecht umspannt vielmehr auch religiöse Überzeugungen, die für eine konkrete Lebenssituation eine ausschließlich religiöse Reaktion zwar nicht zwingend fordern, diese Reaktion aber für das beste und adäquate Mittel halten, um die Lebenslage nach der Glaubenshaltung zu bewältigen. Andernfalls würde das Grundrecht der Glaubensfreiheit sich nicht voll entfalten können. Das Verhalten des B unterfällt damit auch dem sachlichen Schutzbereich.

B. Eingriff

Durch das Urteil müsste auch in den Schutzbereich des Art. 4 I, II GG eingegriffen worden sein. Ein solcher Eingriff ist jedenfalls immer dann gegeben, wenn ein rechtsförmiger Vorgang, der unmittelbar und gezielt durch ein vom Staat verfügtes, erforderlichenfalls zwangsweise durchzusetzendes Ge- oder Verbot bewirkt wird, zu einer **Verkürzung grund-**

---

[291] BVerfGE 32, 98 (106); *Jarass/Pieroth*, Art. 4 GG Rn 10.
[292] BVerfGE 32, 98 (106).

148

rechtlicher Freiheiten führt.[293] In diesem Fall wird durch das Urteil ein Verhalten des B, das in den Schutzbereich der Religionsfreiheit fällt, pönalisiert. Es wird also eine **strafrechtliche Sanktion** an ein grds. geschütztes Verhalten geknüpft, die damit zu einer Verkürzung der grundrechtlichen Freiheit führt, da ein entsprechendes Verhalten verboten wird. Damit liegt in dem Strafurteil ein staatlicher Eingriff in die Religionsfreiheit.

C. Verfassungsrechtliche Rechtfertigung

Der durch das Urteil bewirkte Eingriff ist jedoch verfassungsrechtlich gerechtfertigt, sofern er auf einer wirksamen Rechtsgrundlage (I) beruht und von dieser auch verfassungsgemäß Gebrauch gemacht wurde (II).

I. Verfassungsmäßige Rechtsgrundlage

1. Generelle Einschränkbarkeit des Art. 4 I, II

Fraglich ist zunächst, inwieweit Art. 4 I, II GG überhaupt einschränkbar ist. In Art. 4 GG selbst findet sich zunächst kein ausdrücklicher Gesetzesvorbehalt. Allerdings sieht **Art. 136 I WRV** (welcher über Art. 140 GG in das GG inkorporiert wurde) die Möglichkeit gesetzlicher Einschränkungen der Religionsfreiheit vor.[294] Danach werden die bürgerlichen und staatsbürgerlichen Rechte und Pflichten durch die Ausübung der Religionsfreiheit weder bedingt noch beschränkt. Wenn diese Formulierung auch von der üblichen Fassung eines Gesetzesvorbehalts abweicht, bedeutet sie inhaltlich nichts anderes: Wenn die durch Gesetz begründeten Pflichten nicht beschränkt werden, so bedeutet dies, dass diese gesetzlichen Pflichten die Religionsfreiheit einschränken können (= **einfacher Gesetzesvorbehalt**).[295] Das **BVerfG** hingegen will diesen Gesetzesvorbehalt auf Art. 4 GG nicht anwenden und sieht die Religionsfreiheit folglich als vorbe-

---

[293] BVerfGE 105, 279 (300); *Sodan/Ziekow*, Grundkurs Öffentliches Recht, § 24 Rn 5; *Manssen*, Staatsrecht II Rn 137.

[294] *Sachs*, Verfassungsrecht II, B 4 Rn 18.

[295] *Sachs*, aaO; *Starck*, in: von Mangoldt/Klein/Starck, GG Bd. 1, Art. 4 GG Rn 75.

haltlos gewährleistet an. Es begründet seine Auffassung vor allem mit der Überlegung, dass Art. 136 WRV durch Art. 4 I, II GG überlagert und daher in seiner Anwendung gesperrt werde.[296]

Wenn sich auch nicht bestreiten lässt, dass die Bestimmungen der WRV erst ganz zum Schluss der Beratungen des Parlamentarischen Rates in das GG inkorporiert wurden, so lässt sich gleichsam nicht leugnen, dass diese Regelungen durch diese Inkorporation vollwertiger Bestandteil des GG geworden sind.[297] Eine Hierarchie der einzelnen GG-Normen besteht also nicht.[298] Damit ist die Überlagerungstheorie im Ergebnis abzulehnen. **Art. 4 I, II GG unterliegt iVm Art. 136 WRV einem einfachen Gesetzesvorbehalt.**[299] Das zugrundeliegende Gesetz (hier § 323c StGB) muss indes formell und materiell verfassungsgemäß sein.

> **Hinweis**: Im Rahmen einer Klausur können Sie natürlich auch der Ansicht des BVerfG folgen. Allerdings fällt gerade Anfängern die Prüfung eines Grundrechts mit einfachem Gesetzesvorbehalt oftmals leichter. Es kann daher ratsam sein, sich der Gegenauffassung anzuschließen, zumal die Überlegung, wonach Art. 136 I WRV „vollwertiges Verfassungsrecht" darstellt, ein leicht zu merkendes und überzeugendes Argument liefert.

2. Formelle Verfassungsmäßigkeit des § 323c StGB

Die Zuständigkeit des Bundes ergibt sich aus Art. 74 I Nr. 1 GG, wonach das Strafrecht in dessen konkurrierende Kompetenz fällt. Es besteht zudem eine Erforderlichkeit gemäß Art. 72 II GG zur Wahrung der Rechtseinheit. Auch sonstige formelle Mängel sind nicht ersichtlich.

---

[296] BVerfGE 33, 23 (31). Zustimmend auch *Morlok*, in: Dreier, GG Bd. 1, Art. 4 GG Rn 112; *Kokott*, in: Sachs, GG, Art. 4 GG Rn 83.

[297] *Sachs*, Verfassungsrecht II, B 4 Rn 21; kritisch auch *Manssen*, Staatsrecht II Rn 307.

[298] Besonders deutlich *Starck*, in: von Mangoldt/Klein/Starck, GG Bd. 1, Art. 4 GG Rn 76: „Diese Schrankenregelung ist als Verfassungsrecht ernst zu nehmen..."

[299] Ebenso *Jarass/Pieroth*, Art. 4 GG Rn 31; *Kästner*, JZ 1998, 981 f.

150

3. Materielle Verfassungsmäßigkeit

§ 323c StGB müsste auch materiell verfassungsgemäß sein, also die grundrechtliche Freiheit der Religionsausübung zum Schutze Hilfsbedürftiger nicht unverhältnismäßig einschränken. Gemäß § 323c StGB besteht eine Hilfspflicht nur dann, wenn die Hilfe dem Betroffenen den Umständen nach zumutbar war. Dieser **unbestimmte Rechtsbegriff** bietet dabei ausreichend Möglichkeit, die religiöse Überzeugung des Einzelnen in die Frage der Strafbarkeit mit einzubeziehen. Es besteht mithin die Möglichkeit für das Gericht, **die Besonderheiten des jeweiligen Einzelfalls hinreichend zu berücksichtigen**. § 323c StGB ist daher materiell verfassungsgemäß.

Hinweis: § 323c StGB wurde an dieser Stelle sehr knapp untersucht, da an dessen grds. Verfassungsmäßigkeit keine Zweifel bestehen. Es wäre natürlich auch möglich, die Verhältnismäßigkeit eingehender zu untersuchen. Sie dürfen bei der Prüfung der Grundlage des Urteils jedoch keinesfalls mit der Situation des B im Fall argumentieren. Es geht dann allein um die Frage, ob § 323c StGB generell verfassungsgemäß ist.

II. Verfassungsmäßige Anwendung

Das Gericht müsste bei seinem Urteil § 323c StGB auch in verfassungsmäßiger Weise **im konkreten Fall** angewandt haben. Es müsste also insbesondere bei der Frage der Strafbarkeit des Verhaltens des B dessen religiösen Auffassungen in hinreichender Art und Weise beachtet haben. Das erscheint hier zweifelhaft. Zu berücksichtigen war an dieser Stelle, dass sich der B nicht aus mangelnder Rechtsgesinnung gegen die staatliche Rechtsordnung aufgelehnt hat. Vielmehr sah er sich in einer Grenzsituation, in der die allgemeine Rechtsordnung mit dem persönlichen Glaubensgebot in Widerstreit trat und er die Verpflichtung fühlte, hier dem höheren Gebot des Glaubens zu folgen. Wenn diese Entscheidung auch objektiv nach den in der Gesellschaft vorherrschenden Wertvorstellungen zu missbilligen war, so ist sie doch **nicht mehr in dem Maße vorwerfbar,** dass es gerechtfertigt wäre, mit der schärfsten der Gesellschaft zu Gebote stehenden Waffe, dem Strafrecht, gegen den Täter vorzugehen.[300]

Kriminalstrafe ist bei einer solchen Fallgestaltung **unter keinem Aspekt** (Vergeltung, Prävention, Resozialisierung des Täters) **eine adäquate Sanktion.** Das Verhalten des B war hier getragen von dem gegenseitigen Respekt gegenüber der Einstellung des Partners in einer Frage, in der es um Leben und Tod ging, und der subjektiven Gewissheit, dass diese Einstellung „richtig" sei. In solchen Fällen kann strafrechtlich nicht gefordert werden, dass zwei Personen gleicher Glaubensrichtung aufeinander einwirken, um sich von der Gefährlichkeit ihrer glaubensmäßigen Entscheidung zu überzeugen.

Das Gericht durfte in Anbetracht der Ausstrahlungswirkung des Art. 4 I, II GG auf § 323c StGB in diesem Fall folglich nicht davon ausgehen, dass das geforderte Verhalten dem B auch zumutbar war. Vielmehr **entfiel die Zumutbarkeit aufgrund der zu respektierenden religiösen Überzeugung** des B. Da das Gericht diese Wirkung verkannt hat, verletzte es die Religionsfreiheit des B, indem es diesen wegen unterlassener Hilfeleistung verurteilte.

C. Endergebnis

Das Urteil verletzt den B in seinem Grundrecht aus Art. 4 I, II GG.

---

[300] BVerfGE 32, 98 (109).

Fall 9: Ungleiche Handwerksmeister/-innen

Das Land N gewährt Handwerksmeistern und Handwerksmeisterinnen Zuwendungen, um ihnen die Gründung einer selbständigen Existenz in einem Handwerk möglichst zeitnah nach der Meisterprüfung zu erleichtern. Dafür sind im Haushaltsplan die entsprechenden Mittel bereitgestellt. Die Vergabe der Zuwendungen ist in dem im Jahre 2000 erlassenen Handwerksexistenzgründungsgesetz (HEGG) geregelt. Voraussetzung für eine Förderung ist nach § 1 HEGG, dass die Zuschussempfänger sich innerhalb bestimmter Zeiträume nach Bestehen der Meisterprüfung selbständig machen.

Für Handwerksmeister beträgt die Frist 2 Jahre, für Handwerksmeisterinnen beträgt die Frist 5 Jahre. Diese unterschiedlichen Fristen hat der Gesetzgeber mit dem Umstand begründet, dass Frauen nach Bestehen der Meisterprüfung im Durchschnittsalter von 30 Jahren zunächst eine Familie gründen würden und sich erst im Anschluss daran selbständig machen könnten. Als Ausgleich hierfür sei es vertretbar, ihnen eine längere Frist zu gewähren.

Handwerksmeister H, der seine Meisterprüfung vor 4 Jahren abgelegt hat, möchte sich selbständig machen und beantragt bei der zuständigen Behörde die Bewilligung der im HEGG vorgesehenen Meisterprämie. Die zuständige Behörde lehnt es jedoch ab, ihm die beantragte Prämie zu gewähren. Nach 4 Jahren hätten nur noch Handwerksmeisterinnen einen Anspruch auf die Prämie. Die für H geltende Frist von 2 Jahren sei hingegen schon seit langem abgelaufen. H ist empört. Er hält die Frist von 2 Jahren für Handwerksmeister klar für verfassungswidrig. Männer und Frauen seien schließlich nach dem Grundgesetz gleichberechtigt. Daher müsse auch für ihn die 5-Jahres-Frist gelten, die noch nicht abgelaufen sei.

Nachdem H bei der zuständigen Behörde erfolglos Widerspruch gegen den ablehnenden Bescheid eingelegt hat, erhebt er Klage vor dem zuständigen Verwaltungsgericht, auf Bewilligung der Meisterprämie. Auch dieses ist davon überzeugt, dass die differenzierende Regelung im HEGG verfassungswidrig ist. Es stellt daher einen Antrag auf Normenkontrolle beim Bundesverfassungsgericht.

Frage: Wie wird das Bundesverfassungsgericht entscheiden?

154

Lösung Fall 9: Ungleiche Handwerksmeister/-innen

Vorüberlegung: In diesem Fall hält ein Gericht ein formelles Gesetz für verfassungswidrig und stellt einen Antrag auf Normenkontrolle. Das Grundgesetz kennt zwei Normenkontrollverfahren: die **abstrakte Normenkontrolle** (Art. 93 I Nr. 2 GG) und die **konkrete Normenkontrolle** (Art. 100 I GG). Das abstrakte Normenkontrollverfahren scheidet hier offensichtlich aus, da bei ihm nur die Bundesregierung, eine Landesregierung oder 1/3 der Mitglieder des Bundestages antragsberechtigt sind. Zu prüfen ist daher die Zulässigkeit eines konkreten Normenkontrollverfahrens.

In Frage kommt eine **konkrete Normenkontrolle** vor dem Bundesverfassungsgericht gemäß Art. 100 I GG, §§ 13 Nr. 11, 80 ff. BVerfGG. Diese hat Aussicht auf Erfolg, wenn sie zulässig und begründet ist.

A. Zulässigkeit

I. Vorlageberechtigung

Das Verwaltungsgericht müsste **vorlageberechtigt** sein. Vorlageberechtigt ist nach Art. 100 I GG ein Gericht, also jede staatliche Spruchstelle, die sachlich unabhängig, in einem formell gültigen Gesetz mit den Aufgaben eines Gerichts betraut und als Gericht bezeichnet ist.[301] Um eine solche staatliche Spruchstelle handelt es sich nach der Verwaltungsgerichtsordnung bei einem Verwaltungsgericht. Das Verwaltungsgericht ist hier also vorlageberechtigt.

II. Vorlagegegenstand

Beim § 1 HEGG müsste es sich um einen zulässigen Vorlagegegenstand handeln. Zulässiger Vorlagegegenstand in einem konkreten Normenkontrollverfahren ist nach Art. 100 I GG ein **Gesetz**. Gemeint sind damit ausschließlich **formelle Bundes- oder Landesgesetze**.[302] Aus dem Sinn und Zweck des Art. 100 I GG, der u.a. in dem Schutz des unmittelbar demokratisch legitimierten Gesetzgebers besteht, ergibt sich zudem, dass es sich um ein nachkonstitutionelles Gesetz

---

[301] BVerfGE 6, 55 (53).
[302] BVerfGE 17, 208 (210).

handeln muss,[303] also um ein Gesetz, das erst nach dem In-Kraft-Treten des Grundgesetzes (23. Mai 1949) erlassen worden ist. Beim HEGG handelt es sich um ein **formelles Landesgesetz**. Zudem ist es erst im Jahr 2000 erlassen worden und ist daher nachkonstitutionell. § 1 HEGG stellt somit einen vorlagefähigen Gegenstand dar.

Achtung: Anders als bei der abstrakten Normenkontrolle, mit der jegliches Bundes- oder Landesrecht gleich welchen Ranges und Zeitpunktes des Erlasses überprüft werden kann (z.B. auch Rechtsverordnungen und Satzungen), werden im Rahmen eines konkreten Normenkontrollverfahrens nur formelle, nachkonstitutionelle Gesetze auf ihre Verfassungsmäßigkeit hin geprüft.

III. Überzeugung des Gerichts von der Verfassungs- widrigkeit des Gesetzes

Das Verwaltungsgericht müsste ferner von der Verfassungswidrigkeit des vorzulegenden Gesetzes überzeugt sein. Bloße Zweifel genügen nicht. Auch diese Voraussetzung ist laut Sachverhalt jedoch erfüllt.

IV. Entscheidungserheblichkeit

Voraussetzung für die Zulässigkeit eines konkreten Normenkontrollverfahrens ist ferner, dass es auf die Gültigkeit des vorzulegenden Gesetzes bei der Entscheidung im konkreten Ausgangsverfahren ankommt, Art. 100 I S. 1 GG. Dies ist der Fall, wenn das Gericht bei Ungültigkeit des Gesetzes zu einem anderen Ergebnis kommt als bei dessen Gültigkeit. Bei der Gültigkeit des § 1 HEGG müsste das Gericht zu dem Ergebnis kommen, dass ein Anspruch auf die Meisterprämie für H nicht besteht. Aber auch bei einem möglichen Verstoß gegen ein Gleichheitsgebot des GG und einer daraus resultierenden Ungültigkeit des § 1 HEGG bestünde zunächst kein gesetzlicher Anspruch auf die Zahlung der Meisterprämie für H. Das Bundesverfassungsgericht würde in seiner Entscheidung nämlich nur die **Unvereinbarkeit des HEGG**

---

[303] Vgl. *Schlaich/Korioth*, Das Bundesverfassungsgericht Rn 141.

mit dem GG feststellen und den Gesetzgeber auffordern, die Rechtslage zu ändern, jedoch durch seine Entscheidung nicht selbst einen entsprechenden Anspruch für H begründen. Zu einer solchen Entscheidung ist allein der Gesetzgeber berufen.[304]

Achtung: An dieser Stelle ist es wichtig, dass Sie zumindest in Grundzügen wissen, welchen Inhalt eine Entscheidung im konkreten (aber auch abstrakten) Normenkontrollverfahren[305] haben kann: Stellt das BVerfG fest, dass die überprüfte Norm mit dem GG (bzw. mit einer anderen aus Art. 100 I GG folgenden Maßstabsnorm) nicht vereinbar ist, **so erklärt es das Gesetz grundsätzlich für nichtig**, vgl. § 82 I iVm § 78 S. 1 BVerfGG (**Nichtigkeitserklärung**).

Bei Verstößen gegen ein grundgesetzliches Gleichheitsgebot erklärt das Bundesverfassungsgericht das zu prüfende Gesetz jedoch abweichend von § 82 I iVm § 78 S. 1 BVerfGG nicht für nichtig, sondern **nur für unvereinbar mit dem GG** (**Unvereinbarkeitserklärung**).[306] Der Gesetzgeber ist aufgefordert, diesen Zustand zu beenden. Die Aufhebung eines gleichheitswidrigen Zustandes ist nämlich auf zwei Wegen möglich. Zum einen kann die ungleich begünstigende oder belastende Regelung aufgehoben werden. Zum anderen können die begünstigenden oder belastenden Regelungen auch auf die bisher gleichheitswidrig ausgeschlossenen Personen ausgeweitet werden. Aus Gründen der Gewaltenteilung soll dann aber der Gesetzgeber und nicht das Bundesverfassungsgericht die Entscheidung darüber treffen, auf welche Art und Weise ein dem Gleichheitsgebot des GG entsprechender Zustand hergestellt wird.

---

[304] In besonderen Fällen nimmt das BVerfG dennoch das Recht in Anspruch, selbständig die Begünstigung zuzusprechen. Auch in diesen Fällen stellt sich dies jedoch als eine unzulässige Überschreitung seiner funktionell-rechtlichen Schranken dar. Siehe *Heun*, Funktionell-rechtliche Schranken der Verfassungsgerichtsbarkeit, S. 22 ff.

[305] Sofern bei einer Verfassungsbeschwerde ein Gesetz überprüft wird, handelt es sich auch um Normenkontrollverfahren.

[306] Vgl. *Sachs*, Verfassungsprozessrecht Rn 154 ff.; *Schlaich/Korioth*, Bundesverfassungsgericht Rn 394 ff. *Robbers*, Verfassungsprozessuale Probleme, S. 120 f. Zu einer Unvereinbarkeitserklärung und nicht zur Nichtigkeitserklärung kommt es auch in den Fällen, in denen eine Nichtigkeitserklärung aus „übergeordneten Gründen" ausscheidet, etwa weil eine entsprechende Entscheidung den festgestellten Verfassungsverstoß nur vertiefen würde, vgl. *Sachs*, Verfassungsprozessrecht Rn 154.

Insofern könnte daran gedacht werden, in diesem Fall die Entscheidungserheblichkeit zu verneinen. Allerdings sieht das Bundesverfassungsgericht im Falle einer Unvereinbarkeitserklärung die Gerichte als verpflichtet an, die Verfahren, in denen die mit dem GG für unvereinbar erklärte Norm von Bedeutung ist, solange auszusetzen, bis der Gesetzgeber den gleichheitswidrigen Zustand behoben hat.[307]

Festzuhalten ist somit, dass das Verwaltungsgericht des Ausgangsverfahrens im Falle der Ungültigkeit des § 1 HEGG das Verfahren aussetzen müsste, im Falle der Gültigkeit hingegen die Klage als unbegründet abweisen müsste. Die Entscheidung bei Ungültigkeit der Norm hat somit einen **anderen Inhalt als bei Gültigkeit der Norm**, so dass die Frage, ob § 1 HEGG mit dem GG vereinbar ist, von entscheidungserheblicher Bedeutung ist.

> **Hinweis**: Von einem Anfangssemester kann noch nicht erwartet werden, dass er das eben geschilderte Problem sofort erkennt und erläutert. Da es aber nicht ausgeschlossen ist, dass einem dieses Problem in einem fortgeschrittenen Stadium des Studiums oder im Examen begegnet, wird es dennoch in dieser Fallsammlung dargestellt.

V. Form und Frist

Eine Frist ist vom vorlegenden Gericht nicht einzuhalten. Nach § 80 II S. 1 BVerfGG, der § 23 I 2 BVerfGG spezifiziert, muss jedoch in der Begründung angegeben werden, inwiefern nach Ansicht des vorlegenden Gerichts von der Gültigkeit der Rechtsvorschrift die Entscheidung des Gerichts abhängig ist und mit welcher übergeordneten Rechtsnorm sie unvereinbar ist. Mangels abweichender Angaben im Sachverhalt wird unterstellt, dass das Verwaltungsgericht dieses Formerfordernis eingehalten hat.

---

[307] Vgl. *Sachs*, Verfassungsprozessrecht Rn 157.

VI. Ergebnis Zulässigkeit

Ein konkretes Normenkontrollverfahren ist in diesem Fall zulässig.

B. Begründetheit

Die konkrete Normenkontrolle ist begründet, wenn das vorgelegte Gesetz, also § 1 HEGG, nicht mit dem Grundgesetz vereinbar ist, Art. 100 I S. 2 Alt. 1 GG.

Zwischenüberlegung: Die zwischen Männern und Frauen differenzierende Regelung des § 1 HEGG könnte eines der Gleichheitsgrundrechte des GG verletzen. Ein Verstoß gegen den *allgemeinen* Gleichheitssatz, also Art. 3 I GG, ist allerdings erst zu prüfen, wenn kein *spezielles* Gleichheitsrecht verletzt ist. Ein spezielles Differenzierungsverbot hinsichtlich des Merkmals *Geschlecht* enthält Art. 3 III 1 GG. Ein entsprechendes Verbot ergibt sich ferner aus Art. 3 II 1 GG, der allerdings gegenüber Art. 3 III 1 GG keinen eigenen Regelungsgehalt aufweist. Das Bundesverfassungsgericht prüft Differenzierungen, die an das Merkmal Geschlecht anknüpfen daher am Maßstab des Art. 3 III 1 GG. Denkbar ist es aber auch, solche Differenzierungen am Maßstab des Art. 3 II 1 GG zu prüfen. Wenn Sie wie das BVerfG vorgehen, sind Sie in einer Klausur jedenfalls „auf der sicheren Seite".

I. Formelle Verfassungsmäßigkeit

Zweifel an der formellen Verfassungsmäßigkeit bestehen nicht.

II. Materielle Verfassungsmäßigkeit

1. Art. 3 III 1 GG

Die Regelung des § 1 HEGG, die für Handwerksmeister und Handwerksmeisterinnen unterschiedliche Antragsfristen vorsieht, könnte gegen Art. 3 III 1 GG verstoßen.

a) Ungleichbehandlung wegen eines der in Art. 3 III 1 GG genannten Kriterien

Art. 3 III 1 GG enthält **spezielle Differenzierungsverbote** und verbietet u.a. auch rechtliche Ungleichbehandlungen, die an das Merkmal „Geschlecht" anknüpfen. Art. 3 III 1 GG schützt somit sowohl Männer als auch Frauen vor Benachteiligungen. § 1 HEGG legt jedoch für Handwerksmeister ungünstigere Antragsfristen fest als für Handwerksmeisterinnen. Letzteren wird allein aufgrund ihres Geschlechts eine längere Frist gewährt.

Die Differenzierung in § 1 HEGG knüpft somit allein an das Differenzierungskriterium Geschlecht an. Insofern steht § 1 HEGG im Widerspruch zu Art. 3 III 1 GG.

b) Verfassungsrechtliche Rechtfertigung

Fraglich ist jedoch, ob diese im Widerspruch zu Art. 3 III 1 GG stehende Ungleichbehandlung nicht **verfassungsrechtlich gerechtfertigt** ist, so dass Art. 3 III 1 GG letztendlich doch nicht verletzt ist. Grundsätzlich sind Differenzierungen wegen des Geschlechts unzulässig; entsprechende Ausnahmen sind dem Art. 3 III GG jedenfalls nicht zu entnehmen. Ähnlich wie bei den vorbehaltlos gewährten Freiheitsrechten kann jedoch eine im Widerspruch zu Art. 3 III 1 GG stehende Ungleichbehandlung ggf. durch **kollidierendes Verfassungsrecht** gerechtfertigt sein.[308]

Darüber hinaus ist nach der Rechtsprechung des BVerfG eine an das Geschlecht anknüpfende Ungleichbehandlung dann zulässig, wenn diese im Zusammenhang mit Sachverhalten steht, die **ihrer Natur nach überhaupt nur in einem Geschlecht** verwirklicht werden können (z.B. Schwangerschaft, Geburt)[309] oder wenn Sachverhalte betroffen sind, die durch **biologische Unterschiede der Geschlechter** so entscheidend geprägt sind, dass etwa vergleichbare Elemente daneben völlig zurücktreten.[310]

Eine Antragsfrist von 5 statt 2 Jahren für Handwerksmeisterinnen ließe sich mit dem biologischen Unterschied der Geschlechter nur dann erklären, wenn Frauen aufgrund bio-

---

[308] *Epping*, Grundrechte Rn 758, 766.
[309] BVerfGE 52, 369 (374); vgl. auch *Heun*, in: Dreier, GG, Art. 3 Rn 110.
[310] BVerfGE 6, 389 (422 f.); vgl. auch *Heun*, in: Dreier, GG, Art. 3 Rn 111.

logischer Veranlagungen erst 5 Jahre nach der Meisterprüfung in der Lage wären, sich selbständig zu machen.
Dies ist jedoch zu verneinen. Ferner handelt es sich bei der
Existenzgründung auch nicht um einen Sachverhalt, der
ähnlich wie eine Schwangerschaft oder eine Geburt seiner
Natur nach nur in einem Geschlecht verwirklicht werden
könnte. Fraglich ist somit allein, ob die Ungleichbehandlung
nicht **durch kollidierendes Verfassungsrecht** gerechtfertigt ist. Als solches kommt hier Art. 3 II 2 GG in Betracht.
Nach dieser Vorschrift fördert der Staat die tatsächliche
Durchsetzung der Gleichbehandlung von Männern und
Frauen und wirkt auf die Beseitigung bestehender Nachteile
hin. Faktische Nachteile, die typischerweise Frauen treffen,
dürfen durch staatliche Maßnahmen ausgeglichen werden.[311] Zu prüfen ist daher, ob die längere Frist für Frauen in
§ 1 HEGG dem Ausgleich faktischer Nachteile dient.

In diesem Zusammenhang ist zu beachten, dass laut Ge-
setzesbegründung Frauen durchschnittlich mit 30 Jahren die
Meisterprüfung absolvieren. Dann sind sie aber in einem
Alter, in dem viele zunächst eine Familie gründen und Kinder bekommen möchten und bei entsprechenden Absich-
ten, bedingt durch die „tickende biologische Uhr", auch
müssen.

Die Schwangerschaft und die sich daran anschließende
Mehrfachbelastung durch Kinderbetreuung und Haushalts-
führung wird viele Handwerksmeisterinnen dann jedoch tatsächlich daran hindern, sich selbständig zu machen und
eine eigene gewerbliche Existenz aufzubauen. Hierzu werden sie erst Gelegenheit haben, wenn die Kinder in einem
Alter sind, in dem sie nicht mehr so viel elterliche Obhut
benötigen wie in den ersten Jahren und bereits in einen
Kindergarten gehen können. Insofern könnte die längere
Frist des § 1 HEGG dem Ausgleich dieser Nachteile dienen.

---

[311] BVerfG, DVBl. 1995, 613; vgl. *Manssen*, Staatsrecht II Rn 865.

Allerdings dürfen gesetzliche Vorschriften, die den Zweck haben, einen Nachteil zu kompensieren, gerade nicht die überkommene Rollenverteilung verfestigen.[312]

Der Regelung des § 1 HEGG liegt nun aber die Erwägung zugrunde, dass Frauen in den ersten Jahren nach der Geburt typischerweise für die Kindeserziehung zuständig sind. Handwerksmeister, die grundsätzlich bereit wären, die Aufgabe der Kindesbetreuung zu übernehmen, werden zudem durch den frühen Fristablauf gerade daran gehindert, diese Aufgabe von den Müttern zu übernehmen. Damit trägt § 1 HEGG **zur Verfestigung einer solchen überkommenen Rollenverteilung bei.**[313] Zulässig wäre daher in diesem Fall nur eine Regelung, die geschlechtsunabhängig die familiären und persönlichen Umstände, die zu einer Verzögerung der Antragstellung geführt haben, berücksichtigt. Einen solchen Inhalt hat § 1 HEGG jedoch nicht.

Hinweis: An dieser Stelle können Sie auch eine andere Ansicht vertreten, indem Sie den Schwerpunkt ihrer Argumentation weniger auf die durch die Kindeserziehung eintretenden Belastungen legen, sondern mehr auf die Belastungen einer Schwangerschaft abstellen.

Hinzu kommt, dass die längere Antragsfrist von 5 Jahren nicht nur für die tatsächlich von Schwangerschaft und Kinderbetreuung betroffenen Frauen gilt, sondern, dass sich diese Begünstigung **pauschal auf alle Frauen** erstreckt. Typisierende und pauschale Regelungen sind im Rahmen des Art. 3 II 2 GG jedoch nur zulässig, wenn die hierdurch entstehenden Ungerechtigkeiten anders nur unter Schwierigkeiten vermeidbar wären.[314] In diesem Fall ist es jedoch ohne Weiteres möglich, nur denjenigen Handwerksmeisterinnen eine Fristverlängerung zukommen zu lassen, die eine

---

[312] *Wernsmann*, JuS 2002, 959, 963.
[313] Vgl. auch *Wernsmann*, JuS 2002, 959, 963.
[314] So jedenfalls das OVG Münster NWVBL 2002, 239 f.; ebenso das BVerfG hinsichtlich der Voraussetzungen für Typisierungen im Rahmen des Art. 3 I GG (etwa BVerfGE 63, 119; 100, 59).

162

oder mehrere Geburtsurkunden ihrer Kinder vorlegen und dadurch die durch die Geburt und Betreuung von Kindern eingetretenen zusätzlichen Belastungen nachweisen können. Die vom Gesetzgeber im Rahmen des Art. 3 II 2 GG vorgenommene Typisierung ist somit rechtswidrig.

> **Hinweis**: Auch hier ist wiederum mit einer plausiblen Argumentation eine andere Ansicht vertretbar.

Die durch § 1 HEGG erfolgende Ungleichbehandlung von Handwerksmeistern und Handwerksmeisterinnen ist somit **nicht durch kollidierendes Verfassungsrecht (Art. 3 II 2 GG) verfassungsrechtlich gerechtfertigt.**

c) Ergebnis Art. 3 III 1 GG

Die differenzierende Antragsfristenregelung des § 1 HEGG verstößt gegen Art. 3 III 1 GG.

2. Art. 12 I GG

Fraglich ist, ob 1 HEGG zusätzlich noch gegen die Berufsfreiheit aus Art. 12 I GG verstößt.

a) Schutzbereich

Art. 12 I GG schützt neben der Berufswahl auch die Berufsausübung. Beruf ist jede Tätigkeit, die der Schaffung und Erhaltung einer Lebensgrundlage dient bzw. hierzu beiträgt. Die Ausübung einer Handwerkstätigkeit dient diesem Zweck, ist also ein Beruf. Der Schutzbereich ist daher eröffnet.

b) Eingriff

Fraglich ist, ob die durch § 1 HEGG geschaffene Möglichkeit für Handwerksmeisterinnen, innerhalb eines längeren Zeitraumes die Förderungsprämie zu beantragen, als dies bei Handwerksmeistern der Fall ist, einen Eingriff in die Berufsfreiheit der Handwerksmeister darstellt.

Eine imperative Regelung, durch die die berufliche Tätigkeit bzw. Berufswahl unmittelbar geregelt oder beeinträchtigt wird, enthält § 1 HEGG nicht. Der Vorschrift fehlt somit eine **subjektive berufsregelnde Tendenz.** Ein Eingriff kann jedoch auch durch *mittelbare* oder *tatsächliche Auswirkungen* eintreten. Voraussetzung für die Annahme eines mittelbaren Eingriffs ist jedoch, dass die entsprechende Norm eine **objektiv berufsregelnde Tendenz** aufweist.

Allerdings wird einer Vorschrift, die Subventionen und sonstige Zuschüsse für Wirtschaftsbetriebe gewährt, grundsätzlich eine entsprechende objektive berufsregelnde Tendenz und damit der Eingriffscharakter abgesprochen. Etwas anderes gilt nur für den Fall, dass durch eine Subvention Dritten die Berufsausübung unmöglich gemacht wird und diese in ihrer Existenz bedroht sind. Anhaltspunkte, dass die Regelung des § 1 HEGG solche mittelbaren Auswirkungen haben könnte, bestehen jedoch hier nicht. Somit ist auch ein mittelbarer Eingriff in Art. 12 I GG abzulehnen.

c) Ergebnis Art. 12 I GG

Art. 12 I GG ist nicht verletzt.

III. Ergebnis Begründetheit

Die zwischen Handwerksmeistern und Handwerksmeisterinnen differenzierenden Antragsfristen in § 1 HEGG verstoßen gegen Art. 3 III 1 GG. § 1 HEGG ist damit materiell verfassungswidrig. Die konkrete Normenkontrolle ist somit begründet.

C. Gesamtergebnis

Der Antrag ist zulässig und begründet und hat daher Aussicht auf Erfolg.

FALL 10: UNFREIWILLIGE ABGABE

Das Bundesland H möchte gewährleisten, dass auch zukünftige Generationen die Möglichkeit erhalten, sich über alle Druckwerke der heutigen Zeit in Bibliotheken zu informieren. Der Landtag in H erlässt daher nach ordnungsgemäßem Verfahren ein sog. Pflichtexemplargesetz (PfEG). Dessen entscheidende Norm lautet:

§ 9
Von jedem Druckwerk, das innerhalb des Landes Hessen erscheint, hat der Verleger ein Stück (Pflichtexemplar) unentgeltlich und auf eigene Kosten an nachstehende Bibliothek abzugeben. (...)

Der Verleger V im Bundesland H hat sich auf die Erstellung besonders wertvoller bibliophiler Bücher in geringen Auflagen (ca. 70-600) sowie äußerst teurer Original-Graphiken spezialisiert. Er hält das Gesetz angesichts seiner Situation für völlig unverhältnismäßig und weigert sich, die entsprechenden Werke abzuliefern. Er erhält daraufhin von der zuständigen Behörde einen Bescheid, in dem er erneut zur Abgabe aufgefordert wird. Der Widerspruch des V, in dem dieser noch einmal auf seine besondere Situation hinweist, wird zurückgewiesen. Auch der Gang vor die Gerichte bleibt in allen Instanzen ohne Erfolg. V will daher „nach Karlsruhe ziehen". Er sieht sich massiv in seinem Eigentumsrecht beeinträchtigt, wenn er seine Werke im Wert von einigen tausend Euro ohne jedwede Entschädigung einfach an irgendeine Bibliothek abgeben muss. Schließlich könne seine Situation nicht einfach mit der eines „x-beliebigen Großverlages" verglichen werden, der mit seiner „Massenproduktion" ohnehin den Markt überschwemme.

Kann sich V mit Erfolg an das BVerfG wenden?

Fall angelehnt an BVerfGE 58, 137 ff. Gehen Sie für die Bearbeitung bitte davon aus, dass das Gesetz formell verfassungsgemäß ist.

LÖSUNG FALL 10: UNFREIWILLIGE ABGABE

Vorüberlegung: Es handelt sich erneut um eine Klausur mit prozessualem Aufhänger. Ihre Lösung hat damit zwei Hauptteile. Inhaltlich geht es um den gerade bei Anfängern etwas „gefürchteten" Art. 14 I GG. Durch die neuere Rechtsprechung des BVerfG, durch die Art. 14 GG nunmehr eine klare Struktur gewonnen hat, sind solche Ängste jedoch unbegründet. Zudem ist auch Art. 3 I GG kurz anzusprechen.

V wendet sich gegen das seine Abgabepflicht bestätigende Urteil. In Betracht kommt daher eine (Urteils-) **Verfassungsbeschwerde** gemäß Art. 93 I Nr. 4a GG, §§ 13 Nr. 8a, 90 ff. BVerfGG. Diese hat Aussicht auf Erfolg, wenn sie zulässig (A) und begründet (B) ist.

Hinweis: Denken Sie daran, dem Korrektor die folgenden Gliederungsebenen im Obersatz zu verdeutlichen.

A. Zulässigkeit

I. Beschwerdeberechtigung

V müsste zunächst beschwerdeberechtigt sein. Beschwerdeberechtigt ist gemäß § 90 I BVerfGG **jedermann** und damit jedenfalls **jede natürliche Person**.[315] V ist damit beschwerdeberechtigt.

Tipp: In einem solch' klaren Fall ist es durchaus zulässig, diesen Punkt noch kürzer abzuhandeln. Beispiel: „V ist als natürliche Person beschwerdeberechtigt (vgl. § 90 I BVerfGG)."

II. Beschwerdegegenstand

Die Verfassungsbeschwerde des V müsste sich gegen einen tauglichen Beschwerdegegenstand richten. Tauglicher Beschwerdegegenstand ist gemäß § 90 I BVerfGG jeder **Akt der öffentlichen Gewalt**.

Dieser Begriff umfasst dabei – anders als Art. 19 IV GG – **alle drei Gewalten**, um so einen dem Art. 1 III GG entsprechenden umfassenden Grundrechtsschutz zu gewährleisten.[316] Hier wendet sich V gegen **das letztinstanzliche**

---

[315] *Hillgruber/Goos*, Verfassungsprozessrecht Rn 92.

[316] *Sachs*, Verfassungsprozessrecht Rn 460, auch zu dem Erfordernis diesen Unterschied zu Art. 19 IV GG im Rahmen einer Klausurbearbeitung kurz zu erläutern.

seine Ablieferungspflicht bestätigende Urteil des BVerwG und damit gegen einen Akt der Judikative. Die Verfassungsbeschwerde des V ist damit gegen einen tauglichen Beschwerdegegenstand gerichtet. In einem solchen Fall überlässt es das BVerfG dem Beschwerdeführer, ob dieser allein das letztinstanzliche Urteil oder auch die vorherigen Urteile und Behördenentscheidungen angreifen will. Es handelt sich stets um *eine einzige* Verfassungsbeschwerde.

> **Tipp**: In einer Klausurbearbeitung muss der konkrete Beschwerdegegenstand genau herausgearbeitet und bezeichnet werden. Das BVerfG kann in einer Klage **allein** diesen auf seine Verfassungsmäßigkeit überprüfen.

III. Beschwerdebefugnis

V muss zudem beschwerdebefugt sein. Dies setzt voraus, dass er geltend machen kann, durch das letztinstanzliche Urteil möglicherweise (1) selbst, gegenwärtig und unmittelbar (2) in Grundrechten verletzt zu sein.

> **Tipp**: Hier wird deutlich, warum der Beschwerdegegenstand so genau herausgearbeitet werden muss. Der Beschwerdeführer muss *gerade durch diesen* möglicherweise in seinen Grundrechten betroffen sein. Es wäre mithin falsch, an dieser Stelle auf den Ablieferungsbescheid der Behörde abzustellen. Es geht allein um das Urteil!

1. Möglichkeit einer Verletzung

Eine Grundrechtsverletzung muss zunächst nach dem Vortrag des V als möglich erscheinen. Eine solche Möglichkeit besteht dann, wenn eine Verletzung **nicht von vornherein ausgeschlossen werden kann**.[317] In diesem Fall bestätigt das Urteil die Ablieferungspflicht des V. Dieser muss demnach endgültig sein Eigentum, ohne eine „Entschädigung" zu erhalten, an eine Bibliothek übertragen. Es erscheint dabei nicht von vornherein ausgeschlossen, dass eine solche „Zwangsabgabe" besonders wertvoller Bücher den V in seinem **Eigentumsgrundrecht aus Art. 14 I GG** verletzt.

---

[317] *Sodan/Ziekow*, Grundkurs Öffentliches Recht, § 51 Rn 23.

Zudem ist nicht auszuschließen, dass nicht ausreichend beachtet wurde, dass sich V im Vergleich zu größeren Verlagen mit größeren Auflagen preiswerterer Bücher in einer besonderen Lage befindet. Daher lässt sich auch ein Verstoß gegen den **Gleichheitssatz des Art. 3 I GG** nicht ausschließen.

2. Selbst gegenwärtig und unmittelbar

V muss durch das letztinstanzliche Urteil auch **selbst, gegenwärtig und unmittelbar** betroffen sein. Dieses zunächst für eine VB gegen Gesetze entwickelte Erfordernis, ist bei einer Urteils-VB grds. erfüllt.[318] Anhaltspunkte, die hier für eine andere Beurteilung sprechen, sind nicht ersichtlich.

Hinweis: Im Rahmen einer Urteils-VB sollte dieser Punkt kurz abgehandelt werden. Problematisch wäre aber etwa der Fall, dass ein am Rechtsstreit Unbeteiligter eine VB gegen eine fachgerichtliche Entscheidung erhebt.[319]

IV. Rechtswegeerschöpfung und Subsidiarität

V müsste auch den **Rechtsweg ausgeschöpft** haben (vgl. § 90 II BVerfGG). Dies ist laut Sachverhalt der Fall. Gründe für eine darüber hinaus bestehende Subsidiarität der VB sind hier nicht ersichtlich.

V. Form und Frist

Die VB ist schriftlich mit Begründung (§ 23 BVerfGG) innerhalb eines Monats (§ 93 I 1 BVerfGG) einzulegen.

VI. Ergebnis

Die VB des V ist zulässig.

B. Begründetheit

Die VB des V ist auch begründet, wenn dieser durch das letztinstanzliche (die Abgabepflicht bestätigende) Urteil **tatsächlich** in seinen Grundrechten aus Art. 14 I und/oder Art. 3 I GG **verletzt** wurde.

---

[318] *Schlaich/Korioth*, Das Bundesverfassungsgericht Rn 231.
[319] So *Hillgruber/Goos*, Verfassungsprozessrecht Rn 171.

I. Art. 14 GG (Eigentumsfreiheit)

In Betracht kommt zunächst eine Verletzung der Eigentumsfreiheit des V (Art. 14 I GG).

1. Schutzbereich[320]

Zunächst müsste der Schutzbereich des Art. 14 I GG eröffnet sein. V müsste also Rechte an den abgegebenen Werken haben, die vom Schutzgehalt des Art. 14 I GG umfasst sind. Entscheidend ist damit die **verfassungsrechtliche Definition des Eigentumsbegriffs** in Art. 14 I GG.

Dieser umfasst nach der Rechtsprechung des BVerfG alle vermögenswerten Rechte, die dem Berechtigten ebenso ausschließlich wie das Eigentum an einer Sache durch die Rechtsordnung zur privaten Nutzung und zur eigenen Verfügung zugeordnet sind.[321] Erfasst sind daher das zivilrechtliche Sacheigentum, aber auch Urheberrechte, Aktien oder Warenzeichen. Der verfassungsrechtliche Eigentumsbegriff ist insoweit weiter als der privatrechtliche.[322] Durch die Herstellung erwirbt der V zunächst das **zivilrechtliche Eigentum** an allen Werken. Damit ist der Schutzbereich des Art. 14 I GG eröffnet.

2. Eingriff

Durch das Urteil müsste zudem in den Schutzbereich des Art. 14 I GG eingegriffen worden sein. **Hier wird die Abgabepflicht des V durch das Urteil endgültig bestätigt.** Daher muss V nunmehr einen Teil seines Eigentums an eine Bibliothek abgeben. Über diesen Teil kann er folglich anschließend nicht mehr frei verfügen. Daher stellt das Urteil einen Eingriff dar.

---

[320] Auf eine Darstellung des persönlichen Schutzbereiches wird verzichtet, da es sich bei Art. 14 GG um ein „Jedermann-Grundrecht" handelt.

[321] BVerfGE 78, 58 (71). Siehe auch *Epping*, Grundrechte Rn 422; *Ipsen*, Staatsrecht II Rn 680. Ausführlich *Hufen*, Staatsrecht II, § 38 Rn 5 ff.

[322] *Ipsen*, Staatsrecht II Rn 680.

> **Hinweis**: Teilweise wird bereits an dieser Stelle die Frage disku-tiert, ob es sich bei dem Eingriff um eine Enteignung oder um eine Inhalts- und Schrankenbestimmung handelt. Relevant wird diese Frage aber an sich erst bei der Prüfung einer möglichen Recht-fertigung des Eingriffs, da insoweit unterschiedliche Voraussetz-ungen bestehen. Daher wird hier die Qualifikation des Eingriffs erst auf der Rechtfertigungsebene vorgenommen.[323] Auch der an-dere Weg ist aber durchaus gangbar.[324]

3. Verfassungsrechtliche Rechtfertigung

Der durch das Urteil bewirkte Eingriff ist verfassungsrecht-lich gerechtfertigt, wenn er a) auf einer verfassungsmäßigen Rechtsgrundlage beruht und b) von dieser auch im konkre-ten Fall verfassungsgemäß Gebrauch gemacht wurde.

> **Hinweis**: Beachten Sie den zweistufigen Aufbau der Urteils-VB und trennen Sie strikt zwischen den beiden Teilen.

a) Verfassungsmäßige Rechtsgrundlage

Zunächst müsste die gesetzliche Grundlage (§ 9 PfEG), auf der das Urteil beruht, verfassungsgemäß sein.

aa) Generelle Einschränkbarkeit des Art. 14 I GG

Art. 14 I GG stellt **je nach Eingriffsart** an eine verfassungs-rechtliche Rechtfertigung **unterschiedliche Anforderung-en**. Sofern es sich um eine **Inhalts- und Schrankenbe-stimmung** handelt, ist erforderlich, dass das zugrundelie-gende Gesetz formell und materiell verfassungsgemäß ist.[325] Es greift mithin letztlich der einfache Gesetzesvorbe-halt aus Art. 14 I 2 GG, bei dem der Gesetzgeber die Eigen-tumsfreiheit mit der Sozialpflichtigkeit des Art. 14 II GG in einen verhältnismäßigen Ausgleich bringen muss.[326]

Liegt demgegenüber eine **Enteignung** vor, so müssen die Voraussetzungen des Art. 14 III GG erfüllt sein. Die Enteig-nung muss also durch oder auf Grund eines Gesetzes zum

---

[323] Wie hier auch ausdrücklich *Epping*, Grundrechte Rn 433.
[324] So etwa *Schmidt*, Grundrechte Rn 852.
[325] *Manssen*, Staatsrecht II Rn 724.
[326] *Epping*, Grundrechte Rn 459 ff.; *Sachs*, Verfassungsrecht II, B 14 Rn 31.

Wohle der Allgemeinheit erfolgen. Zudem muss das Gesetz Art und Ausmaß der Entschädigung regeln.[327] Es ist also erforderlich nunmehr zunächst eine **Qualifikation des vorliegenden Eingriffs** vorzunehmen, um so den Prüfungsmaßstab für die Rechtfertigung klären zu können.

bb) Qualifikation des vorliegenden Eingriffs

Fraglich ist, ob es sich im vorliegenden Fall um eine Inhalts- und Schrankenbestimmung oder um eine Enteignung handelt. Bei der Inhalts- und Schrankenbestimmung definiert der Gesetzgeber im Rahmen seiner Ausgestaltungsbefugnis **abstrakt-generell** was er für die Zukunft unter Eigentum verstehen will.[328] Solche Regelungen bestimmen also den Inhalt des Eigentums.[329]

Von einer solchen Regelung ist die **Enteignung** abzugrenzen. In der **früheren,** mittlerweile überholten **Rechtsprechung** des BGH und BVerwG erfolgte diese Abgrenzung nach **materiellen Kriterien**. Entscheidend war die Eingriffsintensität für den Betroffenen. Ab einer bestimmten Intensität war es somit denkbar, dass auch eine abstrakt-generelle Regelung in eine Enteignung „umschlug". Diese Enteignungsschwelle wurde bei den Regelungen übertreten, die sich als besonders schwerwiegend darstellten und daher dem Einzelnen ein nicht zumutbares **Sonderopfer** auferlegten.

Diese Situation war vor allem für den Gesetzgeber überaus unbefriedigend. Er konnte beim Erlass der Norm zwangsläufig nicht alle Fälle voraussehen und konnte sich daher nie sicher sein, ob die Norm nicht ausnahmsweise enteignende Wirkung haben kann. Er musste also versuchen, sicherzustellen, auch für diesen Fall die Anforderungen des Art. 14 III GG zu erfüllen, um einer Nichtigkeit des Gesetzes vorzubeugen.

---

[327] Ausführlich *Sachs*, Verfassungsrecht II, B 14 Rn 39 ff.; *Schmidt*, Grundrechte Rn 868.

[328] BVerfGE 52, 1 (27); *Epping*, Grundrechte Rn 437; *Detterbeck/Windthorst/Sproll*, Staatshaftungsrecht, § 15 Rn 2.

[329] BVerfGE 58, 300 (330); *Sodan/Ziekow*, Grundkurs Öffentliches Recht, § 42 Rn 18.

Die Folge waren die sogenannten „**salvatorischen Ent-schädigungsklauseln**", die ohne nähere Konkretisierung der Art und des Umfangs des Ausgleichs eine Entschädigung in Geld vorsahen, sofern eine Norm eine Enteignung darstellen sollte.[330] Hierdurch wurde im Laufe der Zeit die spezielle „Warnfunktion" des Art. 14 III GG mehr und mehr unterlaufen.

Das **BVerfG** hat daher im Jahre 1981 in seinem **Nassaus-kiesungsbeschluss** dieser Abgrenzung nach materiellen Kriterien widersprochen und vielmehr **formelle Kriterien** zur Abgrenzung entwickelt.[331] Enteignung und Inhalts- und Schrankenbestimmung sind insoweit **unterschiedliche Rechtsinstitute**, die streng voneinander zu unterscheiden sind.

Es ist daher nicht möglich, dass eine Inhalts- und Schrankenbestimmung in eine Enteignung umschlägt. Vielmehr ist eine Bestimmung, die dem Einzelnen ein unzumutbares Sonderopfer auferlegt, verfassungswidrig und damit nichtig; eine Änderung der Qualifikation kommt jedoch keinesfalls in Betracht. Auch eine Entschädigung kann in diesen Fällen nicht einfach zugesprochen werden.

Eine **Enteignung** liegt dabei in Abgrenzung zur Inhalts- und Schrankenbestimmung nur dann vor, **wenn konkrete subjektive Eigentumspositionen zur Erfüllung bestimmter öffentlicher Aufgaben vollständig oder teilweise entzogen werden**.[332] Wesensmerkmal der Enteignung ist damit der konkret-individuelle Zugriff auf das Eigentum.[333] Insoweit hat das BVerfG den Enteignungsbegriff stark eingeschränkt.

Im vorliegenden Fall ist zunächst festzustellen, dass der Landesgesetzgeber generell-abstrakt eine Ablieferungs-pflicht für alle Verleger begründet. Die hergestellten Werke sind damit von Beginn an mit dieser Ablieferungspflicht be-

---

[330] *Detterbeck/Windthorst/Sproll*, Staatshaftungsrecht, § 15 Rn 28.

[331] BVerfGE 58, 300. Dazu auch *Hufen*, Staatsrecht II, § 38 Rn 24 ff.

[332] BVerfGE 70, 191 (199); *Sodan/Ziekow*, Grundkurs Öffentliches Recht, § 42 Rn 19; *Jarass/Pieroth*, Art. 14 GG Rn 70.

[333] *Bethge/Detterbeck*, JuS 1994, 230.

lastet, es kann insoweit aufgrund der Regelung **gar kein "unbelastetes" Eigentum zur Entstehung gelangen**. Die Tatsache, dass letztlich nur ein einziges Exemplar abzugeben ist, ändert hieran nichts.

Denkbar ist es indes, eine Enteignung zumindest für diejenigen Werke zu bejahen, die bereits vor Erlass des Gesetzes bestanden. Diese waren ja bei ihrer Entstehung noch nicht mit dieser Pflicht belastet. In der Tat wurde in der Literatur teilweise die Ansicht vertreten, dass die gesetzliche Umformung von Eigentumsrechten einen solchen Doppelcharakter aufzuweisen vermag.[334]

Dieser Ansicht ist das BVerfG nunmehr zu Recht entgegengetreten.[335] Für eine Enteignung entscheidend ist die durch sie **begründete Ungleichbehandlung im Vergleich zu anderen Rechtsträgern**.[336] Jemandem wird ein bestimmtes Recht entzogen, während es bei anderen Rechtsträgern weiterhin Bestand hat. An einer solchen Ungleichbehandlung fehlt es indes bei einer generellen Neuordnung eines Rechtsgebiets, wenn dabei Rechte abgeschafft werden, für die es im neuen Recht keine Entsprechung gibt.[337] **Daher ist eine solche Regelung auch für die "Alteigentümer" nicht als Enteignung zu qualifizieren.**[338]

Im vorliegenden Fall handelt es sich daher um eine Inhalts- und Schrankenbestimmung. Dennoch muss der Gesetzgeber unter Umständen die besondere Position dieser Personen im Rahmen der Verhältnismäßigkeit (etwa durch Übergangsregelungen) berücksichtigen, ohne dass dadurch die

---

[334] Nachweise bei *Detterbeck/Windthorst/Sproll*, Staatshaftungsrecht, § 16 Rn 191.

[335] BVerfGE 83, 201 (211).

[336] *Windthorst/Detterbeck/Sproll*, Staatshaftungsrecht, § 16 Rn 191.

[337] BVerfGE 83, 201 (211).

[338] Zutreffend weist *Sachs*, Verfassungsrecht II, B 14 Rn 24 ff. darauf hin, dass sich eine solche Neuregelung für die Alteigentümer als Schrankenbestimmung darstellt (sofern nicht ausnahmsweise eine Enteignung vorliegt) während sie für die Personen, die erst anschließend (von vornherein belastetes) Eigentum erwerben, als Inhaltsbestimmung zu qualifizieren ist. So auch *Epping*, Grundrechte Rn 439. Anders indes *Sodan/Ziekow*, Grundkurs Öffentliches Recht, § 42 Rn 18.

Qualifikation als Inhalts- und Schrankenbestimmung grds. in Frage zu stellen wäre.

> **Hinweis**: Vorliegend wurde die Abgrenzung der beiden Rechtsinstitute sehr ausführlich vorgenommen. Gerade in Anfängerklausuren kann dies auch kürzer ausfallen. Dies gilt insbesondere für die Überlegungen bzgl. der „Alteigentümer".

cc) Verfassungsmäßigkeit der Inhalts- und Schrankenbestimmung

Die Inhalts- und Schrankenbestimmung bedarf zu ihrer Rechtfertigung eines **formell und materiell verfassungsmäßigen Gesetzes**. Da laut Vermerk auf formelle Fragen nicht einzugehen ist, ist hier allein die Frage erheblich, ob das Gesetz den **Konflikt zwischen der individuellen Eigentumsfreiheit (Art. 14 I GG) und der gleichzeitig bestehenden Sozialpflichtigkeit des Eigentums** in verhältnismäßiger Weise aufzulösen vermag.[339]

Dies setzt zunächst voraus, dass der Gesetzgeber einen **legitimen Zweck durch ein grds. legitimes Mittel** verfolgt. Hier verfolgt der Gesetzgeber den Zweck sicherzustellen, dass das geistige Werk einer Generation auch zukünftigen Generationen offen steht. Dies stellt einen legitimen Zweck dar, der durch eine Ablieferungspflicht auch mit einem legitimen Mittel verfolgt wird. Diese Ablieferungspflicht ist auch **geeignet**, dem Dokumentationsbedürfnis zu dienen.[340]

Zudem müsste die Regelung auch **erforderlich** sein. Dies ist dann der Fall, wenn es kein milderes, ebenso wirksames Mittel gibt, das Dokumentationsbedürfnis zu befriedigen. Zu denken wäre hier an eine **entgeltliche Abgabeverpflichtung**.

Zu beachten ist indes, dass eine solche Entgeltlichkeit zusätzlichen Verwaltungsaufwand bedeuten würde, der – zusammen mit den Erwerbskosten – für die öffentliche Hand eine nicht unerhebliche Belastung mit sich brächte.[341]

---

[339] Vgl. *Epping*, Grundrechte Rn 460; *Hufen*, Staatsrecht II, § 38 Rn 42.
[340] *Bethge/Detterbeck*, JuS 1994, 231.
[341] *Bethge/Detterbeck*, aaO.

Dem Ziel einer möglichst einfach und effektiv zu handha-
benden Dokumentation wäre dies nicht förderlich, zumal
Konflikte über die Höhe des Preises wohl letztlich unver-
meidlich wären. Insofern stellt sich eine solche entgeltliche
Pflicht als weniger effektiv dar.[342]

Dies gilt auch für die Überlegung, die Verleger zu einer un-
entgeltlichen Abgabe von **Fotokopien** zu verpflichten, da
dem öffentlichen Dokumentationsbedürfnis offensichtlich
durch die Abgabe von Originalen mehr gedient ist.

Zuletzt muss das Gesetz auch als **angemessen** erscheinen,
also die individuelle Freiheit nicht unzumutbar zugunsten der
Sozialpflichtigkeit einschränken. Dies wird man für den
Großteil der Verleger annehmen können. Der wirtschaftliche
Nachteil durch die Ablieferungspflicht ist angesichts der großen Auflage und des geringen Werts eines einzelnen Exem-
plars äußerst gering. **Diese Überlegungen gelten jedoch
nicht für kleinere Verleger.**[343] Aufgrund der geringen Auflage sind diese ungleich härter getroffen, zumal der Wert
solcher Werke teilweise bei mehreren tausend Euro liegt.
Für diese Personen stellt sich die Regelung daher als unverhältnismäßig dar.

Der Gesetzgeber hätte jedenfalls für kleine Verleger eine
Entschädigung vorsehen müssen (**sog. ausgleichspflich-
tige Inhalts- und Schrankenbestimmung**). Da dies jedoch
nicht der Fall ist, ist das Gesetz für diese Personen unverhältnismäßig und daher wegen eines Verstoßes gegen Art.
14 I GG **teilnichtig**.

Hinweis: Das BVerfG hat allein die Befugnis, Gesetze für nichtig
zu erklären, **soweit** sie nichtig sind. Da das Gesetz hier für den
Großteil der Verleger angemessen erscheint, kann es für diese
auch weiterhin Anwendung finden. Es muss also nunmehr durch
die Behörden in dieser Weise **verfassungskonform ausgelegt**
werden.

---

[342] Anders wohl *Sodan/Ziekow*, Grundkurs Öffentliches Recht, § 42 Rn 31.
[343] Beachten Sie, dass Sie an dieser Stelle das abstrakt das Gesetz untersuchen.
An dieser Stelle dürfen Sie daher nicht mit der konkreten Situation des V argumentieren. Diese wird erst bei der Prüfung des *Einzelakts* relevant.

b) Verfassungsmäßige Anwendung

Da bereits die Grundlage des Urteils verfassungswidrig ist, muss auf die Anwendung derselben durch das Gericht nicht weiter eingegangen werden.

4. Ergebnis zu Art. 14 I GG

Das Urteil verstößt mangels gesetzlicher Grundlage (in Bezug auf kleine Verleger) gegen Art. 14 I GG.

II. Art. 3 I GG[344]

In Betracht kommt zudem ein Verstoß gegen den allgemeinen Gleichheitssatz des Art. 3 I GG. Dieser verlangt, wesentlich Gleiches gleich und wesentlich Ungleiches seiner Verschiedenheit und Eigenart nach ungleich zu behandeln. Im vorliegenden Fall müssen alle Verleger ein Pflichtexemplar abgeben. Es wird mithin nicht zwischen kleinen und großen Verlegern differenziert. Eine solche Gleichbehandlung ist dabei dann nicht zulässig, wenn zwischen den beiden Normadressaten **Unterschiede von solcher Art und solchem Gewicht bestehen, dass die gleichartige Behandlung nicht mehr zu rechtfertigen ist**. In diesem Fall ist die Wirkung der gesetzlichen Regelung in wirtschaftlicher Hinsicht für kleine Verleger ungemein größer als für große. Daher war es notwendig, dass der Gesetzgeber hier eine Differenzierung vornimmt. Da er dies nicht getan hat, erscheint die Regelung völlig unangemessen. Sie verstößt daher gegen Art. 3 I GG.

III. Ergebnis zur Begründetheit

Das PfEG verstößt im Hinblick auf kleine Verleger gegen Art. 14 I GG sowie gegen Art. 3 I GG. Das Gesetz ist insoweit teilnichtig. Da dem Urteil des BVerfG dieses Gesetz zugrunde liegt, ist **die VB des V daher begründet**.

C. Gesamtergebnis

Die VB des V ist sowohl **zulässig** als auch **begründet**.

---

[344] Die Prüfung des Art. 3 I GG wird hier in gebotener Kürze vorgenommen.

4. TEIL: EMPFEHLENSWERTE LITERATUR

Im folgenden Teil sollen einige Literaturempfehlungen gegeben werden. Die genannte Literatur eignet sich besonders, um die bearbeiteten Fälle zu vertiefen. Es handelt sich dabei allein um eine Auswahl, ohne den Anspruch auf Vollständigkeit zu stellen.

I. Lehrbücher Staatsrecht II

- *Ipsen*, Staatsrecht II, 10. Auflage 2008
- *Manssen*, Staatsrecht II, 5. Auflage 2008
- *Sodan/Ziekow,* Grundkurs öffentliches Recht, 3. Auflage 2008
- *Schmidt*, Grundrechte, 10. Auflage 2008
- *Hufen,* Staatsrecht II, 2. Auflage 2009
- *Epping*: Grundrechte, 3. Auflage 2007
- *Stein/Frank*, Staatsrecht, 20. Auflage 2005
- *Pieroth/Schlink,* Grundrechte, 24. Auflage 2008

II. Lehrbücher Verfassungsprozessrecht

- *Sachs*, Verfassungsprozessrecht, 2. Auflage 2007
- *Schlaich/Korioth*, Das Bundesverfassungsgericht, 7. Auflage 2007 (Vertiefung)
- *Hillgruber/Goos*, Verfassungsprozessrecht, 2. Auflage 2006
- *Robbers, Gerhard,* Verfassungsprozessuale Probleme in der öffentlich-rechtlichen Arbeit, 2. Auflage 2005

III. Fallsammlungen/Fragenkataloge

- *Thiele*, Basiswissen Staatsrecht II, 5. Auflage 2009 (Grundlagen)
- *Starck/Schmidt*, Prüfe dein Wissen Staatsrecht, 2. Auflage 2008 (Grundlagen und Vertiefung)
- *Kilian/Eiselstein*, Grundfälle im Staatsrecht, 4. Auflage 2003 (Grundlagen)
- *Kisker/Höfling*, Fälle zum Staatsorganisationsrecht, 3. Auflage 2001 (Vertiefung)
- *Brinktrine/Sarcevic*, Fallsammlung zum Staatsrecht (Vertiefung)

Generell zur Fallbearbeitung im öffentlichen Recht *Butzer/Epping*, Arbeitstechnik im öffentlichen Recht, 3. Auflage 2006. Eine Auswahl wichtiger Entscheidungen des BVerfG findet sich bei *Schwabe*, Entscheidungen des BVerfG, 8. Auflage 2004.